名家笑侃相声圈

我与恩师苏文茂

刘俊杰

——著

天津出版传媒集团

天津人民出版社

图书在版编目(CIP)数据

我与恩师苏文茂 / 刘俊杰著. -- 天津：天津人民
出版社, 2018.5
 （名家笑侃相声圈）
 ISBN 978-7-201-13353-9

Ⅰ.①我… Ⅱ.①刘… Ⅲ.①苏文茂-生平事迹
Ⅳ.①K825.78

中国版本图书馆 CIP 数据核字(2018)第 076365 号

我与恩师苏文茂
woyuenshisuwenmao

出　　版　天津人民出版社
出 版 人　黄　沛
地　　址　天津市和平区西康路 35 号康岳大厦
邮政编码　300051
邮购电话　(022)23332469
网　　址　http://www.tjrmcbs.com
电子信箱　tjrmcbs@126.com

责任编辑　张作稳
装帧设计　明轩文化　王　烨

印　　刷　高教社(天津)印务有限公司
经　　销　新华书店
开　　本　787 毫米×1092 毫米　1/16
印　　张　16.75
插　　页　1
字　　数　180 千字
版次印次　2018 年 5 月第 1 版　2018 年 5 月第 1 次印刷
定　　价　56.00 元

呕心沥血写师情 振聋发聩铸文章
（代序）

　　这是一部饱含深情、催人泪下，同时又激励人奋进的一部书；没有刻骨铭心的情、大爱之情，难以铸就这部书，这个情是一般人很难理解的。俊杰在写作中途说："我写不下去了……眼泪止不住……睡不着觉，总是在哭。"我似乎看到：他不是含泪写文字，而是泣血写情。他对师父苏文茂的感情太深了，甚至超过普通儿子对父亲的情。俊杰与我同庚，在近七十之时，不忘师恩，在情的煎熬中，呕心沥血，完成了此部书稿。读这部书，仿佛在倾听他们师徒的故事，他们在一起的经历、从艺的脚步以及师爱徒、徒孝师的情谊……字字撞击着我滚热的胸膛。

　　我以为，该书的意义有三。

　　首先，情以孝为根。

　　何为孝？师父晚年的大事小情总离不开俊杰，俊杰就是他的主心骨和心灵的依靠。在我的记忆中，其师每一次患病、寻医、住院，总离不开他奔波的身影、焦急的面孔。有一次，苏先生住进天津市总医院，我闻讯赶到后，首先看到的是俊杰与夫人贺薇都在跑前忙后地伺候着。当发现刚入院的苏先生未带洗漱用具、脸盆、暖壶等必要用品时，贺薇二话不说，开车出去全部置办齐了；苏先生晚年卧床，他们夫妇三天两头问医送药抚慰师父。凡听说师父略有不

1

适，俊杰宁可推掉高酬演出也一定守护在师父身边。最终"死神"没有怜悯这对师徒——"我师父走了……"他痛不欲生地张罗师父的后事，累了，顶不住了……不知往嘴里扔进多少次"速效救心丸"。师父的后事在他的操持下，办得庄严、圆满、隆重。人人都夸苏先生有一个好徒弟，可他并未停歇自己的脚步，继续照顾、孝顺着自己的师娘，直到为师娘送终。

孝是情的本质，是俊杰素质、修养及为人为艺的体现。他不仅孝顺师父，也尊重业内所有的老先生。无论是谁遇到困难、谁的从艺庆典、为哪位主持收徒，他都尽心尽力协助，从不讲条件和回报。这在业内是有口皆碑的。

其次，艺以情为本。

俊杰在该书中描述了师父授艺中种种感人至深的故事，但我最欣赏的是，他不仅仅将重点落在故事本身，更是将师父的心血、嘱托、希望化作了落实师父殷殷教导的行动：他创作的《话说天津卫》《点子公司》《论酒》以及为其师创作并由其师上演的《圆梦》《闭月羞花》等作品，成为业内争相上演的经典之作；在天津相声人中，他首先闯入央视春晚，他创作的《找毛病》于1995年与赵炎在央视春晚亮相，颇受好评；继而他又创作了与唐杰忠合作的《谁有毛病》，登上1996年央视春晚；他创作的《戏迷》，继续与唐杰忠合作，在2001年央视春晚与广大观众见面。

人们羡慕他的才思泉涌，2006年他出版了《刘俊杰相声文集》，将一百余段相声、小品、电视剧本汇集成册。业内有句话："火一时易，长期火难。"这句话的意思是人的创作能力不可能永远处于高潮，可俊杰的创作似乎永远没有低潮。2009年的《一天零一夜》和近年创作的《天津话》《躲不开》《证明的证明》等每一段都堪称精品。

为什么他能有如此的创作热情和才华呢？本书给出了答案：师父的话时刻响在他的耳畔——"合格的相声演员不仅要会演，还必须能搞创作……"

这是激励、是动力，是其呕心沥血的重要力量来源，从其完成的这部书中，我们依然可以看到：文笔流畅、诙谐幽默，既环环相扣、摄人心魄，又能独立成章成为相声表演小段。书依情生，艺以情为本，看过《我与恩师苏文茂》一书，也使我回想起苏先生曾对我说的一句话："我一生最大的欣慰是有个好徒弟刘俊杰。"所以我说这部书也可被称为"苏文茂与爱徒刘俊杰"！

最后，情以德为魂。

一位艺术家的艺术能否勇攀高峰，是与其修养、素质、境界、品德密切相关的。在人品和艺德上，俊杰也没有辜负其师的希望。记得 2009 年天津市文联承办《首届全国相声新作品大赛》，俊杰创作的《一天零一夜》获得业内外一致好评，在评委评选中，一等奖应该是非他莫属。但担任评委会主任的苏文茂要求"暂停评选"，然后他与俊杰谈话："我是评委会主任，你是我徒弟，咱在全国相声界面前要有风格和姿态……"俊杰马上说："我明白了师父，一等奖咱给别人。"在大名大利面前，俊杰毫无怨言，而且认为师父对他的严格要求有利于他的进步！这就是一个人的品德。

给我印象最深的是，他在北方曲艺学校任教时，两次让职称。鉴于他在北方曲校的业绩、能力、贡献，校领导拟让他晋升一级职称。当他听说有一位教师面临退休，如失去此次机会，将终身与一级职称无缘时，便找到领导说："把这个指标给即将退休的老师吧！我明年还有机会。"第二年职称评定时，上下呼声应给他晋升，可是他又找到领导，提出："别给我评，还有一位比我资格老的教师，给他吧！"这两次让职称，使许多人都认为他傻，因为谁都知道每到职称评定时，都是竞争激烈，人际关系"白热化"的时刻，可他却将到手的利益拱手相让，这不但使他当时的收入受损失，连退休后的工资基数都受影响。可是他做得心甘情愿，毫不后悔。

有这样的品德，其艺术创作一定会有品位。有这样的弟子，苏先生的在天之灵一定能够欣慰。有这样的人，奉献给读者这样一部书，我坚信一定能够受到您的欢迎！

是为序。

孙福海

丁酉年末

目录

一、"我这模样儿的就更不能收啦"

我师父家住世界里,说是世界里,其实世界并不大,里面是个胡同。胡同的东边是成都道,西边是重庆道。

有一天,我和师父骑着自行车回世界里,师父骑着他那辆凤头坤车,那年月,这大概是他家里唯一值钱的东西了。凤头车是墨绿色的,很漂亮,很可能是我已故的师娘武艳芳的遗物,我没问过师父。师父总是骑着它出出进进的。

师父平时很懒,可这辆车他总是擦得很亮,呵护备至,似乎对这辆车很有感情,这是见物思人?也未可知。

那天,我们爷俩从成都道进的胡同,师父那时还不到五十岁,正当年。可是看上去却有点儿未老先衰,那个特殊时期曾经遭受的打击使他一夜白头,像伍子胥一样,五十来岁的人,白头发白眉毛白胡子,腰弯背驼,俨然就是一位老者。

师父骑车很疯狂,有点飙车的意思,他老人家一直骑在前面。我在后面紧蹬才不至于落在他后面。师父的车拐进了世界里,刚进世界里,师父突然从车上跳下来。回头对我喊:"下车!快下车。"我不知道怎么回事,茫然地下了车。师父用手一指前方:"你瞧,侯先生!"我放眼望去,侯宝林先生和侯耀华正从对面走过来。师父推着车,一溜小跑奔过去,我紧随其后。两位老人走近了,面对面地站着,并没有握手,也没说话,他们微笑着,深情地相互看着。这是他们经历浩劫后,第一次见面。好像有千言万语,不知从何说起。突

1

然,先生大喊了一声"侯叔",眼睛里含着泪,沉默了许久,侯先生疾步走到我师父面前紧紧握着我师父的手,大笑着说:"哈哈,打南边来了个白胡子老头……"一句笑话,说得我们四个人都笑了。先生苦笑着把我叫到跟前:"叫侯师爷。"他一指耀华:"叫二叔。"我毕恭毕敬地喊了一声:"侯师爷,二叔。"侯先生眨巴着炯炯有神的小眼睛。我第一次见着这么有神的小眼睛,那眼神似有穿透力,使我有些紧张。侯先生看了我师父一眼,疑惑地问我师父:"这是谁呀?""这是我徒弟,刘俊杰。"先生认真地回答。侯大师点点头说:"行,还没忘了教徒弟,哈哈,你是想东山再起呀!""您还不是一样嘛,听说,您去找赵佩茹先生啦?""现在赵佩茹给我量活最合适,可惜,他卧床不起啦。"侯先生摸了摸我的脑袋,看了一眼耀华说:"你瞧,这孩子多漂亮,官面多好啊!"我师父急忙说:"这小子台上好着呐!"那时候的我,很有几分帅气,年轻,风华正茂啊。侯先生点了点头:

师父与侯宝林先生合影

2

"文茂啊,以后收徒弟,就照着这模样儿的收,你这模样儿的,就别收啦!"师父笑了笑说:"对,我这模样儿的不能收。哎,侯叔,您这模样儿的也不能收吧?"侯先生笑喷啦:"对,我这模样儿的,就更不能收啦!"说着还使了一个怪相。我们四人哈哈大笑起来。笑声回荡在世界里。

二、伴宴

我们不在剧场演出,应邀到外边演出叫"走堂会"或者叫"唱堂会",应的是公司庆典、买卖开业、喜事寿事等等。被约的演员一般都是名角,不光相声,京、评、梆、越,鼓曲、歌舞什么都有,是综合场的演出形式。

有一次,我和师父一起被约到杨柳青演出。是一个私企庆典活动,观众是企业的领导、企业的关系户、企业员工的家属,演出的地方是一个宾馆的大餐厅。我们被安排在餐厅一侧的房间里休息。从北京约来的两位演员是一对夫妻,这两位赫赫有名,蔓儿不小,他们能来演出说明演出的档次不低。

大概下午五点钟,演出开始啦。

第一个节目一开始,酒会就开始啦,台上唱着《今天是个好日子》,台下推杯换盏,孩子在台下又跑又闹,整个演出环境一片乱哄哄。演员们很生气,七嘴八舌地埋怨主办方。我怕师父生气,忙过来给师父倒茶。师父好像知道了我们的心思,十分平静地说了一句话:"伴宴,对演员不够尊重。该怎么演怎么演吧。"说着点着一支烟,脸上有点儿沮丧。京剧蔓儿上场啦,没有鞠躬,冷着脸,对着观众发开了牢骚:"我要是知道伴宴,我就不来了。太不尊重人啦。"说完,放着伴奏带子唱起了"苏三离了洪洞县"。这是很短的一段唱,"当报还"和她鞠躬下台在同一个时间里完成了。不到三分钟,她完活儿啦!师父听着看着,不停地抽烟。我深怕师父抬屁股走掉,没敢出声。该师父上场啦,我揪着心。他在后台咳嗽了一声,优雅地走上台去。有的观众还真给面子,也许是冲着苏文茂这仨字儿,也许是冲着他一头白发,纷纷鼓起掌来。师父满面春风,低头鞠了一躬,非常认真地说:"学徒苏文茂,上台鞠躬。今天,我给大家说一段单口相声。"师父十分认真地说了一段《圆梦》。台下鼓掌的比先前多了几位,但掌声还是稀稀拉拉的。师父说完一段《圆梦》,我总算是把悬着的心放下了。让我没想到的是,师父走到侧幕又转回身,回到台中央,深深地又鞠一躬:"大家喜欢听,我再说一段。"于是,师父又说了一段,这才很满意地走下台。到了后台,师父喝了一口茶,笑嘻嘻地点着一支烟:"小子,我使得不错吧?"我真不知怎么回答他的话,一时语塞。师父哈哈大笑:"我们在台上常说,观众是衣食父母。只要您爱听我们就给您说,一千个人我们认真说,一百个人我们也认真说。哪怕就剩一个人,我们照样卖力气。今天在这儿用上啦。"我指了指台下说:"您看一个个的都快喝醉啦,没人听啊!""越没人听,越得认真说,我上去,不能说三分钟就下来,我刚才在台上,下面有二十几位听得很认真。不是都醉啦,有明白人。我不能让人家说我苏文茂说三分钟的相声拿走五千块钱。记住喽,人家花钱是让你演出。你必须诚诚恳恳地给人家说,说白了,人家花钱了。认不认真是你的事,听不听是他的事。像刚才北京的角儿,不认真唱,还在台上跟观众'犯',发牢骚,这就不对。你要是洁身自好,保持尊严,你可以把钱退给人家走人。哦!您把钱放兜里,台上犯去。小子,记住这叫没买卖。"师父的话,打动了我。老先生们有诚信,有契约精神,这是相声界老先生们的可贵传统。也许这就是规规矩矩做人、老老实实演戏吧,正在沉思的我被师父爽朗的笑声惊醒。"给醉鬼演出都搁不住?这算什么。我小时候在台上使活,人家往我身上

5

扔过柿子！"他那副表情好像还很得意。我脑子里突然闪出一个画
面,一个十四五岁的小孩儿,带着一脸的柿子汤儿在台上说相声。

三、借光道劳驾

"借光道劳驾"是一句天津土语,就是求人家帮忙得说声谢谢,用人家的东西得跟人家打个招呼。这叫"借光道劳驾",这句话是我师父跟我说的。

我二十几岁的时候脑子特别好,记忆力极强,有点最强大脑的意思。几个人聊天,聊一晚上,第二天我差不多能一字不落地说出昨天谁说的什么。听相声,听一遍,我基本就背下来了。现在不行啦,您问我早晨吃的什么早点,我都得想半天。有一次我在南郊剧场演出《新风尚》,效果非常好,师父也很满意。他拍着我的肩膀说:"这个活,使得不错。节目也编得不错,是你创作的?"我挺着胸脯得意地回答:"昨天,我在新中央(剧场)听刘文亨老师演的,这是文亨老师的新作。怎么样,师父,我脑子够好的吧!昨天听的今天就能演。""脑子是不错,可没有规矩。"我不知他说的是什么意思。师父大概看出我一脸的茫然,他把我叫到没人的地方慢条斯理地说起来:"你是我的学生,跟我学相声,你就必须懂得相声的规矩。人家创作的节目,你连声招呼都不打,拿过来就演,这叫'借光不道劳驾'。你跟文亨师叔要本子啦?""没有。""打招呼了?""没有。"这可不行,咱这行,没有这个规矩。过去讲'宁赠一锭金,不过一句春'。就是说,宁肯给你钱,也不教给你一段相声。京剧界也有'宁给一亩地,不说(教)一出戏'的说法。这说明'活'(节目)的重要,节目比钱更重要。人家的节目,你不打招呼,不跟人家学,抄过来就演,

7

你这是抢人家的饭碗，从人家的锅里抢饭。这就跟劫道差不多。这个'活'你先别演啦，明天就去找你文亨师叔，跟他说明白。他愿意给你，你能演，他不允许，你就不能演，记住了，这是规矩。"师父一脸的严肃，我是羞愧难当，一个劲地点头。师父递给我一支烟，他自己也从烟盒里抽出一支，我急忙给他点着，给自己找个台阶。师父抽了一口烟，又看看我说："你也抽啊！这事也不能全怪你，我有责任，我没跟你讲过这规矩。你看过去戏班，一贴海报，上面写上，某某先生亲传《文昭关》，由谁领衔出演，必须把某某先生亲传写上，以示尊重。就是这个规矩，没规矩不成方圆。"

第二天我马不停蹄地跑到南市找到文亨老师。我把原委一说，文亨师叔哈哈大乐，笑过之后他深沉地说："只有学过徒的人，才知道这规矩，小子，我跟你师父有交情，我教你，你现在就给我使一遍。"文亨先生给我排了一天，毫无保留地把广东话、把人物如何把握、把每个关子都过(教)给我。

于是，我每每演出《新风尚》返场时，必说："这段《新风尚》是刘文亨先生亲传的。"我至今不忘师父的话。做事不能"借光不道劳驾"，要有感恩之心！

四、我为师父写单口

我师父在晚年告别了舞台,偶尔也有请他演出的。有人请他,他就说单口,单口除了说点趣闻轶事,也就没有什么了。有一天,他跟我说:"小子,现在老有约我演出的,我不能糊弄局儿呀,光说点子话佐料,没正式的活不行啊。你给我'攒弄'(创作)几段。"我很爽快地就答应了,可回头一想,给他老人家写活,难啦。我知道我师父有三不说:伦理哏不说;讽刺残疾人的不说;低级庸俗的不说。现在有些演员要按我师父的要求把这三不说的内容去掉,大概也就没什么说的了。师父在节目上的要求很苛刻,得有文学性,又得有故事,还得有包袱,给他写活,还真不好写。我花了一个月的工夫给他写了四个单口,出乎意料的是,我认为演出效果好的他演得最少;我认为效果一般的,他倒经常演。我把这几个活附在下面,请各位看官分析一下我师父的追求是什么?我写的第一段是《圆梦》,这是在一次聚会上书法家田蕴章先生给我讲的一个故事,我根据他讲的故事编撰的。写完,我到师父家给师父念活,第一段《圆梦》是做梦的故事。

梦是心头想。生活中没有不做梦的。白天你碰见了谁,或是碰见了你印象深的事儿,晚上就可能梦见。今天演出,你对女主持人印象深,长得漂亮,哎,晚上你就可能梦见她。白天,你看见王文玉先生一脸的白癜风,晚上在梦里,能吓你一跳。

9

可是做梦有规律,叫作,女不梦须,男不梦产。什么意思?女的做梦多奇怪,也梦不见自己长一脸胡子,跟马克思一样,不可能。男的做梦梦见自己生了一个大胖小子。"呵,你们瞧这大胖小子,长得跟李伯祥一样。"这种梦肯定没有。要说起做梦,得说我们科长,他做梦做得奇特。我们科长姓牛,今年五十多岁,大胖的身子,人挺和气,就一个毛病,官迷。那位说他不是科长嘛?是。他憋着往上爬,恨不得弄个处长干干。事有凑巧,上级领导找他谈了一次话,似乎有点要提拔他的意思,这是组织上的事,应该保密,他不行,自己先搁不住啦,逢人便讲。科里的人知道他是官迷,投其所好见面就喊:"牛处,牛处。""别这么叫,现在还叫我牛科,等批文儿下来该怎么叫怎么叫!""听说你要当处长,可别忘了我们这些老部下。""那是。""跟您这么多年,您这一升处长还不得请请客。""请,请。都请!"半年过去,处长还没当,老牛请了六回客啦。一年过去啦,当处长这事儿还是没信儿。老牛嘀咕啦:"怎么回事?看来要有变化,说提拔,不能不提呀!"日有所思,夜有所梦。人做梦这是常事儿。谁没做过梦呀?可老牛连着一周做的都是同样的梦。

第一个梦,他梦见墙头上长草。

第二个梦,梦见电闪雷鸣,大雨天儿,老牛在雨中行走,身穿雨衣,还打着雨伞。

第三个梦最为奇特。老牛梦见和他小姨子睡在一个床上,可是背对着背。

老牛是百思不得其解。

那天,大周末,老牛买了点水果点心去看他的岳母。那位说老牛还挺孝顺,不,老牛的岳母会圆梦。他是想让他岳母给他圆圆这三个梦。

来到岳母家，老牛一打门，门开了，开门的不是他岳母，是他小姨子。老牛一见是小姨子，脸腾的一下红了。怎么回事？他昨天还梦见跟小姨子在一个床上睡觉呢。

"呦，二姐夫来了，听说要当处长啦。"

"没，没，还没批下来呢。"

"进来吧"

"哎，姥姥呢？"

"买菜去啦。"

"你当处长可得请客。"

"别提啦，为当处长这事，我是老做梦。这不是，想让姥姥给我圆圆梦嘛？"

"你别让姥姥给你圆，她那都是旧观念，我给你圆。"

"你会吗？"

"跟姥姥这么多年，我全学会啦。我在单位，天天给人家圆梦，说，你都做的什么梦。"

"这不，当处长的文儿老批不下来，我别扭。连着一个星期啦，一共做了三个梦，都一样。"

"连着三天，都做一样的梦？你做梦可新鲜，还带回放的。"

"这第一个梦，梦见墙头上长草，不知怎么回事儿？跟当处长有关系吗？"

"墙头草儿，随风倒。看来你这处长的事儿悬啦，今儿说是处长就是，明儿说不用，你玩儿去啦！"

"我说也是，可我这第二个梦，梦见大雨天，电闪雷鸣，我一个人在路上走，穿着雨衣，打着雨伞。"

"你这当处长的事儿别想啦，想也没用，没戏啦，你穿着雨衣，打着雨伞，这不多此一举吗？你甭考虑啦！"

"我说这处长的事儿也够呛。行啦，你也别圆啦。"

"哎，第三个梦你还没说呢，也许第三个梦能把你前两个梦都圆回来。"

"这第三个梦我不好意思说。"

"有嘛不好意思的？"

"这第三个梦里有你。"

"有我那怕什么，你说说，我跟你干嘛啦？"

"这梦都是快天亮时候才做呢，我、我、不好意思。"

"你说！"

"我梦见咱俩在一个床上睡觉，背对着背。"

小姨子听到这儿，一扬手照准了老牛"啪"就是一个脖遛儿。

"你还想当处长，你这是做梦娶媳妇，想好事儿呢！"这一脖遛打得老牛捂着脸转了好几圈。"这不是做梦吗，也不是真的。"

这时候，门一响，他老岳母进来啦。

"他二姐夫来啦，有事呀？"

"他来圆梦来啦。"

"刚才他老姨给圆啦，都抢圆啦。"

"她小孩子家会圆嘛，我给你圆。"

老牛一捂脸："行啦，别圆啦。"

"你再说说，是不是跟你当处长有关系，我给你解解，你就痛快啦。"

"那，我再说说，我这第一个梦，梦见墙头上长草。"

"行，你这处长有门儿。墙头上长草，说明你这个人是上升的苗子。"

老牛一听来精神啦："你看这就圆得不一样啦！"

"我这第二个梦，梦见大雨天，我穿着雨衣打着雨伞。"

"有戏，穿雨衣、打雨伞，这叫双保险。"

"我这第三个梦，我别说啦。"

"说，第三个梦有时能把那俩梦都圆回来。"

"我怕她老姨生气。"

"你说，我不生气。"

"我，我这第三个梦，梦见我跟他老姨在一个床上睡觉，可是背对着背。"

她老岳母一听，一拍大腿乐啦。"宝贝，你当处长这事儿成啦。"

"怎么成呢？"

"你想，你跟他老姨在一个床上睡觉，背对着背。有你小子翻身的时候！"

我给师父念完这段，他笑了。"节目还行，有故事、有人物，也有立意。就是最后这个包袱稍微有点俗。念念第二个吧。"我说："第二个叫《接吻》。""这种活，我使合适吗？""我念完喽，您再说，行不行。"我自己认为这个活最响，这段演出效果应该是最好的一个，但我只是心里想，可没敢说。"这是给您量身定做的，头一个包袱就您使着合适。"我说这话是为了让他认真听，于是我绘声绘色地念起来了。

13

有一段时间没上台，有的观众问："怎么苏老师老不演出啦？"我在家用功呢，在家研究点东西。"您都研究什么？"我研究的都是文学性较高的东西，批批《三国》呀、论论《红楼》啊，最近我研究的课题比较冷门儿。"那你研究什么啦？"我正研究接吻呢。那位说："您别研究啦，您这个嘴型不适合接吻。"（我念到这里，师父大乐："好小子，这个包袱设计得好。"因为我师父是个瘪瘪嘴儿，接吻费劲，所以这包袱可乐。）您是说，我这副尊容没人吻？哪能啊，也有过那么一两回。其实，我经常接吻，我接吻，有谁是谁，昨天我在马志存家还吻呢。我去老马家串门儿，我一叫门，门打开啦，我一看是他媳妇，我就吻了，不，问了一句："老马呢。"他媳妇说："不在家。"我一看他媳妇领着一个五六岁的小姑娘，圆圆的脸、弯弯的眉，水汪汪的一双大眼睛，这是马志存的孙女，这孩子长得是真好看。您说，他爷爷长得跟橡皮鱼一样，她长得这么好看，"来，来，来，让爷爷亲亲"，我抱起小女孩"叭"亲了一口，您说这叫不叫接吻。可话又说回来了，这姑娘今年五岁吻吻行，她今年要是十八啦，你吻一回试试，它不合中国人的习俗。接吻，是情之所需，爱之所至，人之常情，可得分个场合地点，大人对孩子可以，俩大人见面抱着就啃中国人看着不习惯。可中国人接吻的大有人在，不过都是秘密活动，也有公开的。那天，我到幼儿园接孙子，一出幼儿园门口就碰见两位，光天化日之下，就在马路边儿啃上啦，也没人管，无权干涉，谁干涉这个？你别说，防疫站兴许能管，为什么？这玩意儿，病从口入呀！他们俩站在马路边儿上旁若无人，满不在乎，过路行人视而不见，假装看不见。尤其姑娘们，一看这个脸就红，老远就把脸捂上啦，(从指缝里看)不看。开出租的光顾看他们俩，差点追尾。这会儿正是下班时候，马路上车水马龙，有一个骑自行车的小伙子一边看一边喊："哎呀,这钟点干这个活儿,早点儿啦！"我小孙子眼尖,一眼就看见啦："爷爷,那是干嘛的？""小孩儿不许看这个,看这个发眼,你看爷爷眼红了吧！"我孙子说什么也不走："爷爷,你快告诉我那是干嘛的？""干嘛的,打架的。"为了不让孩子看,我冲口说出一句打架的。我一说是打架的,接吻的那女的不乐意啦："你那么大人,怎么说话呢,怎么说我们是打架的呢？""这不是跟孩子说嘛？""跟谁说也不能说我们是打架的！""孩子不是不懂事嘛？""他不懂事儿,你也不懂事儿？我们这叫打架,我们这叫打架,我们这是开放,我这是热爱。""你热爱你的,我走不行吗？""不行,围了这么多人你想走,不行。今儿个你得给我说明白喽,我们怎么叫打架？"我说："干嘛你不依不饶的,看这意思,你是想跟我打架呀！"我孙子一听就急啦："爷爷,您可别跟她打架,跟她打架,她咬你嘴。"

师父听完大乐。"活是不错,可我使不了。"我说："这是给您量身定制的。""就那个嘴的条件？""您把它上上,(背下来)万一碰巧了,观众对头,您不是多一个活嘛。""行,我上,还有一个活呢？"看来,师父对前面的活都不怎么满意,老催着我念下一个。我说："这个单口《闭月羞花》我是根据一个漫画构想的,我念念您听听。"师父点着一支烟眯着眼听我念《闭月羞花》。

有这么一句话,"沉鱼落雁之容,闭月羞花之貌",这是形

15

容女人的。我们中国古代有四大美人，一位是春秋战国时期的西施。苏东坡曾这样赞美西施："欲把西湖比西子，淡妆浓抹总相宜。"第二位美人是汉朝的王昭君。第三位是后汉三国的貂婵。第四位是唐代的杨玉环，也就是杨贵妃。这两句'闭月羞花之美，沉鱼落雁之貌'说的就是古代的这四位大美人。

有一天这四大美人开了个会。那位说："你别胡说啦，这四个人不是一个朝代的怎么能一起开会呢？"这个您甭管，是我把她们召集一块儿的。四个人开会研究什么事儿呢？她们预备到现代化的大城市找个第二职业。根据她们的条件干什么好呢？做广告。您看现在做广告的大部分都是女的，四大美人做广告准有号召力。

四人进了大都市来到广告模特招聘处。第一位美人西施提了提长裙走了进去。西施往那儿一站，嘿！那真是玉体婷婷而立，二目脉脉含情，太美啦。可是考官一皱眉头说了声"不行"，淘汰了。第二位是王昭君，王昭君整了整皮斗篷，紧了紧红缎子飘带，往那一站，嘿，好一位窈窕淑女！考官一摇头，"不能用"。第三位是貂婵，貂婵抖了抖衣袖，一扭身，那真是一动腰肢百媚生。考官一声冷笑，"不够条件"。得，来了四个淘汰仨啦，就剩杨贵妃一位啦。杨贵妃进来，还没站稳，考官眼前一亮："好，啊，太美啦！就是她，就要她！"那姐儿仨气坏啦。西施说："想当初吴王为我神魂颠倒。"昭君说："当年凭我的美貌迎来的胡汉友好！"貂婵说："你知道吕布戏貂婵吗？吕布那么英俊漂亮的小伙子，他苦苦追求的不是别人，就是你家姑奶奶我。难道说，我们三个人的模样儿全不如杨贵妃？"考官连忙解释："不，不，你们四个人的容貌不相上下，不过你们三个不适

16

合做广告。""为什么?""因为,你们三个穿的衣服太多,你看杨贵妃,刚从澡堂子出来。"

我刚一念完,师父鼓起掌来:"好,我徒弟有能耐,这活写得好。"我说:"这个活,没什么包袱。""可有知识、有立意,这活适合我用。"您瞧,我认为包袱多、笑料多的他不喜欢,就一个包袱的活他听了挺兴奋。我说:"师父,别忙,还有一个呢!""小子,行啊,改当高产相声作家啦!""您先别夸我,您听听这段。"这段是《取暖》,写老年生活的,过去有一个民间故事《毡窝》,何迟先生也曾记录过这个故事。

现在越来越多的人关心老年人的婚姻问题,老年婚姻被人称为"霜叶红于二月花"。人们用秋天的红叶比二月的红花还要鲜艳来赞美老年婚姻,形容老年人"最美不过夕阳红"。老人的婚配也被称为"黄昏恋"。随着老龄社会的到来,老年人的婚姻已经是个社会问题啦。

我们邻居有两位老人,老头儿姓刘,老婆儿姓张;老头儿是退休的工程师,老婆儿是离休的小学教员,老头儿今年六十一,老婆儿今年五十八;老头儿跟前无儿无女,老婆儿身边无子无花;老头儿对老婆儿早有此意;老婆儿对老头儿早有此心。这事儿要是我,早成啦。可是二位由于爱面子,谁也不肯提出来。按理儿说老头儿应该主动点儿,怎么说男的比女的脸皮厚啊!

哎,不出我所料,还是老头儿先说话啦。有一天,老头儿跟老婆儿在楼上聊天儿。

"哎,张老师,有件事我总想跟你聊聊。"

"有什么事儿你说吧。"

"这个……一到冬天我这两只脚冰凉,到晚上连个焐脚的地方都没有。"老婆儿一听心里乐啦,嗬,这个老头儿,明明是向我求婚,他不直说,他还找焐脚的。行啦,看我怎么治你。老婆儿一声没言语,下楼啦,工夫不大,提着一双大棉鞋回来啦。

"老刘,你把这棉鞋穿上就不用找焐脚的啦。"老头儿一听满凉,半天没说话。

老婆儿知道老头儿的心思:"哎,老刘,你猜怎么着,我一到冬天脚也是冰凉,也没焐脚的地方。"

"那,这双棉鞋归你。"

"归了我,你的脚可就凉啦。"

"要不我就先留着穿。可我留着穿,你的脚还是凉啊。"

"那,你说怎么办?要不我再买一双棉鞋去?"

老头儿急啦:"买这么多棉鞋干吗!你把棉被抱来,咱俩就全暖和啦。"

师父听完四个活,笑得很开心。他对着我师娘说:"这小子,有饭啦。我以前说过,相声演员要能捧、能逗,能使单口、能演双簧,能唱太平歌词,就算合格的相声演员。现在不行,还得能创作才够完美,这小子写活写得真不错,有饭啦!有饭啦!有饭啦!"他说了好几遍'有饭啦'。看这意思他是怕我饿死。我点着一支烟说:"师父,您给我的四个作品打个分吧。"他琢磨了一会儿说:"都过八十分,《闭月羞花》九十分。"我知道,我在师父眼里永远得不到一百分,他对我的要求太严啦。师父还真给面子,四个活都上啦,在不同场合

18

演出了。他演得最多的是《闭月羞花》,《接吻》也就演了一两场。他演过《圆梦》,后来不演啦,我曾经问过他怎么不演《圆梦》,他说:"我演不过你。就像《批三国》,我演了以后,侯大师说,'苏文茂演的《批三国》比我好,我从此不演《批三国》啦'。"其实,我知道他不演《圆梦》是另有原因。有一位热心的观众给我师父写了一封信,其中提到《圆梦》的底(最后的一个包袱)说苏先生是文哏大师,在台上说"有你翻身的时候"似乎不雅,也有损他文哏大师的形象。他接受了观众的建议,就很少演啦。他对自己的要求十分严格,包袱是宁缺毋滥。

我为师父写了四个活,而且是按照他的口风、他的风格写的。我很欣慰师父晚年的时候一直使着我为他写的单口相声。

五、苏二小

师父在生活中很注意形象,他在公众场合从来不大声说话,也不开玩笑,见着人总是笑眯眯的,和生人见面他总是主动地先伸出手,和对方握手。他曾经跟我说:"我们是公众人物,一定得注意公众形象。有些相声演员,在公众场合顺嘴胡说,乱开玩笑,一嘴脏话,给观众留下很不好的印象。要知道,我们相声演员不是舞台上勾上三花脸儿的小丑儿,剧团的丑角儿演员在台下也是规规矩矩。幽默不是贫气,不是洋相,我们在台上塑造的是艺术形象,不是我们本人,过去有句话叫"艺不卖巷"。大街上、马路上,任何公众场合乱说话、瞎贫气是对观众和演员本身的一种不尊重。"

"比如,我要是买一兜苹果,回家一看,有几个烂的,我绝不会去退换,我把烂的削去,只不过就少吃几口。如果我去跟小贩理论,观众记住的是苏文茂跟卖水果的打起来了,不值。因小失大,影响不好。吃点亏可以,有损形象无法挽回。"他是这么说的也是这么做的。

有一次,我跟师父去买服装,在和平路上碰见了一个人,五十多岁的一个半大老头儿,高平头、大眼睛、大嘴、一脸胡子,脏吧呼呼的。他上身穿着一件和尚领背心,背心很破,下身穿一条大花裤衩,裤衩上有很大的花朵图案,脚下穿了一双海绵拖鞋,鞋带很宽。他一步三摇,走到我师父面前,盯了我师父一眼,大概是认出了我师父是苏文茂。他用手指着我师父的鼻子高声喊着:"哎,这不是苏二小儿嘛,对,苏二小儿!苏二小儿!"师父笑着跟他点点头,从他面前走了过去。我狠狠地瞪了他一眼,师父那年已经是七十多岁的人啦,一头的白发,这个混账东西竟然指着鼻子说师父苏二小儿,太不尊重人啦。我知道"二小儿"这句天津话是形容其貌不扬、不懂事、不知深浅,哪壶不开提那壶的不伦不类、懵懵懂懂的人的,是一句贬人的话。他一个五十多岁的人,冲一个老人家说这种话,实在是不恭,我有些恼怒,可师父只是冲他笑笑,并没说什么,我也不敢造次,强压着满腔的怒火,随着师父走过去。这厮疾步跑到我们爷俩前面,又一次高叫着:"你是不是苏二小儿啊!"我不能忍受了,冲他喊了一嗓子:"你是不是有病啊!走,该干嘛干嘛去!"师父看了我一眼说:"别说啦,咱,该干嘛干嘛去。"那厮可能觉着我要发狂,自知没趣,扭头走啦。师父看着他的背影说:"他没有恶意,这是我的观众,而且是个老观众,他对我演出的节目有很深的印象才出此言。"您瞧,对这么一个没有礼貌的人,他老人家这么评论。我说:"我知道,您那段《美名远扬》有印象嘛?""有,我有个笔名叫苏示。""苏轼,您跟苏东坡一个名?""他那个轼,车子边儿,一个样式的式。""您呢?""我是告示的示,苏示。""两横一竖,一边一点儿,哦,苏二小儿啊!"我把《美名远扬》的苏二小儿的包袱使了一遍。师父乐啦:"你既然知道有这个包袱,干嘛跟人家着急。""他对您太不尊重。""他只是不知道该怎么表达,不会说话而已,用不着咱爷们儿发火。小子,还得修炼呐!"师父说完诡秘地一笑。

师父虚怀若谷,我比不了!

六、五斤活鲫鱼

相声界"三节两寿"有讲究,三节是五月节、八月节、春节;两寿是师父的生日、师娘的生日。到了三节两寿徒弟要尽孝心,给师父送礼,挡杵(给钱),我师父从来就没有这个要求,有些徒弟甚至不知他是哪天的生日。师父在世的时候,我们师兄弟只是春节到师父家聚一聚,三节两寿孝敬师父师娘我还是后来才知道的,我师父也从来没跟我说过这个规矩。

20世纪70年代的时候,物资十分匮乏,鱼虾蟹都很贵。记得有一年的春节前,我给师父买了五斤活鲫鱼。

那时候,活鲫鱼是个稀罕物,能买到非常不容易,价格也很高。我当时在工厂一个月的工资是三十六块九毛一,咱不知是哪位高人定的工资,还有整有零,这是大集体厂二级工的工资。

那天,天特别冷,自由市场里人很多,一盆鱼端出来大伙都围着看,可很少有人买鱼。大都是看看就走,舍不得买,鱼太贵啦。卖鱼的用大铁盆盛鱼,铁盆里的水已经冻上了一层薄薄的冰。鲫鱼在冰下时而动一下,时而静静地停在水里,那意思好像是告诉人们我还活着。我看了看盆里的活鲫鱼,又看了看鱼贩子,说:"哎,给我来五斤。"鱼贩子愣了一会儿笑着说:"五斤?不过啦!"他的意思我明白。这五斤鱼是二级工半个多月的工资,吃一顿鱼下半个月怎么过呀!鱼贩子还真是高高地给我称了五斤,倒是没饶两条。我也是让他倒兜子里,那时候没什么塑料袋,就是兜子,好在天气冷,滴水成冰,鱼倒进兜子里,马上就冻住了。

　　我提着一兜子鱼直奔公交车站,那时候,提着鱼上车没人管。大概下午两点钟,我到了小海地师父的住处,老头儿打开门,见我提着兜子,他明白我是给他送礼来的。师父很心疼地说:"你瞧,大冷的天,你还跑什么!""我给您弄了五斤鲫鱼,活的。"师娘大嗓门儿"哎哟"一声能吓你一跳,那天她就吓了我一跳。"哎哟,大年根儿底下,能有活鲫鱼,可是个新鲜物。"师父说:"赶紧,给俊杰热馄饨。"我吃着馄饨、馒头、辣白菜,看着师娘把鱼一条一条地拿出来,放到阳台上,嘴里还嘟囔着:"放阳台上就行,天然大冰箱。"师父说:"那你得留神你的猫!"

　　大年初一,我去给师父拜年,师父说话总是很全面,问了我妈、我妹妹、我哥的情况,又问孩子,临了他说:"你看俊杰,拜年从来就不带孩子。你师娘,可惦记孩子啦。"说着话,他从口袋里拿出二十

庆祝师父75岁寿辰

23

块钱递给我,说:"给孩子的,给孩子买点吃的,买个玩具。"师父当时的工资是一百二十九块,算是高工资,可是他家里九口人,算下来不是个富裕主儿。我说什么也不要,师父有点儿急,说:"记住,这是爷爷给孙子的,跟你没关系。"我反驳着:"怎么没关系,您这分明是给我鱼钱!"师父看了我一眼说:"如果你给我买几斤鱼我给你二十块钱,咱爷们儿就没交情啦。你给我买东西是孝敬我,我很感谢,知道你有一份孝心,你算是尊老,我给孙子钱这是爱幼。咱爷俩搁一块儿算是尊老爱幼。"我说:"您这是不领我的情。""我领情,我知道你的心思。你现在才挣三十多块钱,要是因为给师父买东西你下半月日子不好过了,师父会很伤心。师父教你说相声是希望你将来能养家糊口,过上好日子,如果为了给师父送礼影响你的生活,这相声你就甭学啦。你别让师父心里难受,吃鱼卡了嗓子。小子,好好学能耐,将来成了角儿,挣了大钱给师父买茅台。"

后来,我能挣钱啦,给师父买茅台、买中华!我也不分三节两寿,只要去师父家我都会给他买他喜欢的东西,他都笑呵呵地坦然接受,我也不记得给师父都买过什么啦。可四十年前的五斤活鲫鱼的事,我至今不忘。那是一段师徒之情,是师父对徒弟的一片慈父之心。

七、师父请我吃西餐

20世纪70年代，师父一直生活在津南区北闸口大队。他每次回市里总要带上我。带我去鸟市听艳桂荣的西河大鼓、去河西听李庆良的评书(那时候叫革命故事)，有时也带我去看他打牌。

他说相声演员应该无不知，百行通，不仅要会说学逗唱，还得懂点文学，懂地理、学历史，还得是个心理学家，要熟悉不同门类的艺术形式，练达人情皆学问，得处处留心，处处用心，才能说好相声。师父用心良苦，我知道，他是要我的生活丰富起来，让我长长见识。

那是个炎炎的夏日，师父领我走进了和平餐厅。一股冷风袭来，我打了个寒颤，似火的夏日里竟然有这么凉快的地方，其实那是冷风，是空调。我孤陋寡闻，那时并不知晓。师父引着我在一个角落坐下，餐厅里没什么客人。那时候，人们对西餐不感兴趣，客人寥寥无几，少有的几个，看上去大都像是有头有脸儿、有点身份的人。餐厅里很静，没有大声说话的人，一位笑容可掬的五十多岁的老服务员快步走来，师父和他握手。"怎么样，还好吧？""好好，没把我轰出餐厅就算不错。"师父一直握着他的手，像是久别重逢。"你还留在市里，我在南郊啦。""您是富在深山有远亲，我是穷在闹市无人问。"他俩说起了《名贤集》。师父让服务员坐下，服务员执意不坐。"没这规矩，我不能坐。"师父说："我可不富，远亲近亲倒是不少，这个是我在南郊收的徒弟。俊杰，这是廖师傅，你得叫大爷。"我叫了一声大爷，老服务员连忙摆手："不敢当，不敢当。苏先生你还是那几样？""对。""好，杂拌、罐焖牛肉、酸黄瓜、羊角面包、罗宋汤。""您记得真清楚，双份。"老服务员像年轻人那样打了一个响指，说了句英语"OK"，笑呵呵地走了。师父望着他的背影说："我们认识快二十年了，老服务员，内行，特别专业。"我说："师父，你很爱吃西餐吗？""我，起哄，附庸风雅，这个地方得来，体验生活。过去老先生们很少吃西餐，他们也没有这种生活。你看我们的传统相声，有《怯拉车》《怯洗澡》《化蜡扦》《大保镖》等等，题材广泛，表现人物的相声从要饭的写到皇上。可是唯独没有吃西餐、喝洋酒的段子。为什么？过去的老先生没有那种生活，对那种生活不熟悉，就写不出来。再者说，相声园子的受众群体也是底层观众多，他们也没有吃西餐的经历。现在你们不一样啦，你们要面对新生活，将来你们面对的观众都是新时代的人。所以要熟悉各色人等。要吃西餐，要懂西餐。"

"我们相声界老先生也讲究吃，什么样的馆子都去，就唯独不去西餐馆。一是吃不惯，二是也不想去，没有那个爱好。不过也有例外，我们相声界有两位先生，他们生活得那叫多姿多彩，一位是戴少甫，一位是赵心敏。戴少甫是一代名优，好角儿，20世纪40年代，报上就称赞他说的是文明相声、文化相声，他的数来宝那是一绝。戴少甫上场说相声，把一副竹板儿往场面桌上一放，台下就是一片掌声。把数来宝融进相声是戴少甫的创意。现在的《对坐数来宝》《点唱数来宝》都是戴少甫留下来的。戴少甫是文化人，白领，做过公司职员，还精通文墨，可以现场作诗答对，即兴演唱数来宝，至今无人可比。戴少甫的点唱数来宝，能唱十三道大辙，观众出题，他即兴演唱，有内容、有包袱、有文采，不庸俗。生活中戴少甫也是别具

26

风格。他经常是脱了大褂穿上西装走进咖啡厅。在当时说相声的人里面吃西餐的，他是唯一的一个。再有就是你师大爷赵心敏。"师父是文字辈儿，凡是文字辈儿的我都叫叔，唯有赵心敏，我叫他大爷，他比我师父入门儿早。我说："赵大爷老说倒口活，还吃西餐？""他净是绝的，他穿西装、背背带，特别讲究。不抽纸烟抽烟斗，香烟丝也讲究，都是进口的烟丝。他倒不是崇洋媚外，他是玩儿闹，自己哄着自己乐！他常常是上午去劝业场楼上打克朗棋，中午和平餐厅吃西餐，两点来钟上园子，把西装一脱，穿上大褂，倒着口'您老这是干横莫(什么)的'，观众万万也想不到他刚吃完西餐！"

八、《芝麻香油》《双拜堂》

天津市曲艺团的张昆吾笔名夏之冰,是团里的创作员,后来做了团长。想当初,他和李润老(李润杰)创作快板书,当年李润老的很多作品发表时都署名李润杰、夏之冰。若干年以后张昆吾独立创作啦,写了不少的东西,姚雪芬演唱的乐亭大鼓《良心》就是出自他手。

有一次我在天津民族宫看姚雪芬的演出,巧遇张昆吾。我特别喜欢姚雪芬的表演,她表演细腻,刻画人物准确,唱腔字正腔圆,可能是太激动啦,我一边鼓掌一边自言自语地说:"哪天我也写一段唱词,让姚老师给我唱。"说者无心,听者有意,张昆吾不知什么时候坐在我的后排,他拍拍我的肩膀说:"写唱词可没那么容易,你要能写出唱词我就退休。" 我反唇相讥:"雪芬老师唱的这段是您写的,您写的一般,主要是雪芬老师唱得好。"这句话他不爱听啦,气哼哼地拂袖而去,临了还丢给我一句话:"我找你师父算账。"

我一句玩笑话,昆吾老较真儿啦,还真找了我师父。我不知道他是怎么描绘我那天的表现的, 我师父很严厉地批评了我:"跟老先生说话不能这么随便。昆吾说你太狂,你去跟昆吾道歉。"我说:"我得写出一段我的唱词,再跟他道歉。""你小子会写吗?唱词深着呐!""师父您瞧好吧!""没好,你是初生牛犊不怕虎,写不出来,你小子,现眼吧!"大话说啦,写呗。我是真没写过唱词,京韵我是写不了,太讲究;梅花的唱词得有相当的文化修养才能写。我瞄准了河南坠子,我觉得河南坠子词比较简单,也许我能写出来。那些日子,我玩命地看唱词,把王允平的《鸳鸯剑》、张剑老的《地下苍松》、朱学颖的《军民鱼水情》、杜彭的《一盆饭》都找来看了,不看不知道,一看吓一跳。老先生们不简单,他们有功夫,有把古诗写白了的功夫。他们的唱词唱起来琅琅上口,可内涵丰富,观众一听就懂,细琢磨起来有味儿。这帮老夫子底蕴太深啦。我再细听河南坠子,又接地气又朴实,活泼生动,生活气息十分浓厚。看着唱词,我想起老舍先生的小说,他的小说很少有生僻的字,很少有拗口的话,看着就是大白话,但细品,可是句句有味儿,字字经典。老舍先生的小说小学三年级的学生都能看懂,可大学教授看完还得研究研究。看了唱词,我也有了像看老舍先生小说一样的体会,我傻啦!那阵儿还是年轻,不知天高地厚,没有金刚钻就敢揽瓷器活儿。可是一言既出,既然跟师父打了赌,写吧,我是愣写呀。一个月之后我拿着两篇作品去见师父,一段是河南坠子《芝麻香油》,另一段是山东快书《双拜堂》。

《芝麻香油》

春风又绿柳树沟,

杏花开满杏花楼,

柳树沟,杏花楼,

杏花白,柳丝柔。

三中全会,好似春风化春雨,

农户家家有奔头。

柳树沟的张大牛他本是个棒小伙,

杏花楼有一位心灵手巧的姑娘叫月秋。

29

大牛种芝麻，

月秋磨香油，

他们是远近闻名的专业户，

一心想致富，发家带头。

小月秋收芝麻卖油，三朝两日往柳树沟里走，

张大牛送货上门常到杏花楼。

常言说，一朝生，两朝熟，芝麻香油两相投，

天长日久就挂上了钩。

张大牛啊小月秋，

他们俩心照不宣把爱慕之情埋在心里头。

这一天，太阳刚露东山口，

张大牛在院里挑选良种忙不休，

院外车铃叮铃铃的响，

是一辆，凤凰车，驼油篓，收芝麻，卖香油，

月秋来到柳树沟。

张大牛咣当当推开门两扇，

见众乡亲，簸箕端芝麻，怀抱葵花头，

拿着油菜籽儿，提着蓖麻球儿，

说说笑笑来换油，团团围住小月秋。

看月秋打油的提斤儿拿在手，

一提一提打香油，

瓶子口，顶漏斗儿，

慢慢倒，慢慢流，

常言说紧打酒来慢打油，

30

她手上没沾油一滴，

地上没洒一滴油，

怎么那么巧，怎么那么熟，

不大会儿，收了油料卖了油。

张大牛凑到近前忙开口，

亲亲热热叫月秋，

"快到院里喘口气，擦擦手，

候一候，我去熬点绿豆粥。"

月秋随大牛就往院里走，

满院芝麻籽粒饱满圆溜溜，

皮又薄，油又厚，

手指头一捻扑滋滋就是一手油。

大牛说："这是我培育的芝麻种，

这良种，方圆百里独一份，

省里县里第一流，

如不信，你四乡八镇走一走，

再找出二份算我吹牛。"

说着话，得意扬扬熬绿豆，

小月秋不住皱眉头。

怪不得有人闲谈论，

指点大牛脊梁沟。

"小伙子年轻轻的太保守！"

果然是闲言碎语有来由。

心生一计，有有有，

如此这般，定能把轴牛拉回头。

这时节大牛端来粥一碗，

小月秋喝一口，

又不凉又不热，

又不稀来又不稠。

大牛说："这庄稼人的好饮料，

胜过城里'咖啡、酸奶、热可可'。"

月秋说："你别自顾夸你的粥，

我有件事情正发愁。

有人请我当师傅，

三天两头到杏花楼，

我左思右想心不定，

不知这徒弟收不收。"

大牛闻听忙摆手：

"千斤难买一招熟，

小磨香油独一份，

收徒弟，就如同，砸了锅、洒了粥、毁了磨、脏了油，

这徒弟我看不能收。

多少人曾找我把种子借，

想学我的'三脚猫子，四门斗儿'，

我是推脱搪塞来应酬，

决不拿种子搞交流。"

小月秋听大牛说出了真心话，

使了个顺水来推舟。

月秋说："你种芝麻的经验哪里来？"

大牛说："我照着书本搞研究。"

32

月秋说："你的书本哪里来？"

大牛说："芝麻专家写的书，经验写在书上头。"

月秋说："你好比专家的小徒弟。"

大牛说："我天天都把书本抠。"

月秋说："这芝麻专家不如你，

我看他是个力巴头，

不该写书传经验，

不该和人搞交流，

不该教人种芝麻，

不该把自己的三脚猫子，四门斗儿，

公布于世无保留。

常言说，'不怕千招会，就怕一招熟'。

白纸黑字传经验，好比是，砸了锅，洒了粥，

毁了磨、脏了油。"

大牛他听了月秋一席话，

心里似开了锅的热黏粥。

月秋她埋怨专家传经验，

句句说的我大牛。

我不该只想自己来致富，

思想保守不对头，

脑袋瓜子上了锈，

"月秋啊，多亏你膏上润滑油，

从今后咱步步按党的政策走，

让新农村家家致富户户丰收。"

月秋说："这创大业的好时候，

专业户要攀登山外高山,楼外楼。"

到后来,他们组织联产承包队,

种芝麻,磨香油,

芝麻夺高产,篓篓好香油。

县里开了表彰会,

表彰月秋和大牛。

大牛他,"芝麻状元"夺魁首,

小月秋,"小磨香油"金榜题名多风流。

他们在表彰会上成婚配,

小月秋,张大牛,

肩并肩,手拉手,

戴红花,披彩绸,

志同道合结白头。

我一口气念完了河南坠子《芝麻香油》,师父好像是走进了我的故事,他用手拍着板,唱着坠子的拖腔儿:"嗯哎,咿哎,咿呀嗯嗨——嗯哎嗨咿呀嗨!"我一听觉得可能有门儿。师父唱罢,仔细地看着我,好像刚认识我似的,他眼睛里放着光,好半天才说:"小子,我万没想到你还真能写出来。好,再念念你的山东快书。"我很兴奋地学起鸳鸯板的开场板:"当里个当,当里个当,当里个当里个,当里个当。"我唱起了山东快书。

《双拜堂》

八月青,九月黄,

金秋十月丰收忙。

转眼到了十一月，

地净，场光，粮进仓。

实行了生产责任制，

有钱有粮心不慌。

老大爷有钱兜里放，

老太太有钱荷包里藏。

小伙子有钱娶媳妇儿，

大姑娘有钱办嫁妆。

说的是俺村张老汉，

有钱花在刀刃上。

在村西，盖了正房三间整，

坐北朝南好宽敞。

院儿里好像展览会，

远处看，像一幅油画贴在墙。

房檐下，挂着一串红辣椒。

老玉米，一串白来一串黄。

金闪闪，谷子耀人眼，

大稻穗，沉甸甸地挂两旁。

窗台上晒着大烟叶，

老倭瓜晒晾在房顶上。

一群鸡院里乱逛荡，

忽打着翅膀要上房。

猪圈里的三头老母猪，

一头更比一头胖。

躺在地上晒太阳，

还吭哧吭哧地蹭痒痒。

好一派农村丰收景，

田园农家好风光。

张老汉，急匆匆地走进院，

冲着屋里一声嚷：

"大康！"

"爹！"

"快出来，爹有事要跟你商量。"

"爹，啥事儿？"

"喜事！"

"喜事？"

大康一听眼发亮，

三步跨到院中央。

"你以为你搞得挺保密，

没有不透风的篱笆墙。

你和秋菊那件事，

我和他爹说妥当啦。

下个月你俩就结婚，

西屋给你俩做新房。"

说着话把活期存折拿出来，

伸手递给张大康。

"这活期存折交给你，

给姑娘买点好嫁妆。

你买上一张双人床，

折叠椅子买一对，

弹簧沙发买一双，

买一台多用写字桌，

你们好读书写文章。

你买上一斤好茶叶，

再买点好酒烟和糖。"

好大康，听罢爹爹一席话，

不由得，心潮翻滚泪两行。

张老汉一见心纳闷，

"大康，你这是出的啥洋相？

你又不是个大闺女，

舍不得离开爹和娘。

你做梦都想娶媳妇，

你做梦都愿当新郎，

爹要给你娶媳妇啦，

你哭哭啼啼为哪桩？

(白)你这不是成心嘛！"

"爹，只因俺娘死得早，

是你老，苦度春秋把我养，

想那年俺才刚八岁，

蹦蹦跳跳去学堂。

听说您跟彭大元帅说过话，

俺和同学到处讲。

没想到，那说话招来塌天祸，

大会批，小会斗，

给您戴上帽子游四乡。

只因您反对再吃大锅饭，

反对兴办大食堂。

您说道，庄稼汉种地是根本，

谁先富谁的本领强。

全国都吃大锅饭，

早晚吃得闹饥荒。

说您是地地道道反革命，

说您老刻骨仇恨反对党。

俺娘生来胆子小，

到后来，害病，含冤一命亡。

您不愧钢筋铁骨一条汉，

啥时候也没改主张。

多少回运动少不了您，

哪一回您没过热堂。

最难忘，'文化革命'风云起，

您守口如瓶嘴不张，

一心扑在庄稼上，

您要把穷根早挖掉，

您最恨穷过渡的混账腔。

您一心地里把活干，

大祸硬从天上降。

说您是发财致富的黑典型，

资本主义的尾巴长。

割尾巴，亮刀枪，

好家伙，一斧子砍在腚陲儿上，

您一病不愈三个月，

多亏了隔壁张大娘。

她帮我给您端屎尿，

她帮我给您熬药汤，

为给您治好一身伤，

她卖掉三月好口粮。

您身在床上躺，

心往远处想。

颤微微叫声张大娘：

'您老是个孤老户，

我也无力把您帮，

有朝一日政策改，

有了钱粮定报偿。'

盼星星，盼月亮，

盼来政策大变样。

实行生产责任制，

就好比多年锈锁投了簧，

您老人家一下子年轻了十来岁，

喜得满脸泛红光。

政策好啦农民富，

咱有了钱，有了粮，

才盖了这三间好砖房。

二十年，风云莫测多变化，

咱爷俩，相依为命度时光。

刚富裕，您就给俺办喜事，

俺想起爹,想起娘,

想到了政策对农民多重要,

俺想到,咱父子情意比水长。

爹的晚年俺抚养,

俺让您蜜里调油加白糖。"

张老汉越听越激动,

一把拉过张大康:

"好小子,过去的辛酸不用说了,

都怨林彪'四人帮',

不光咱一家受窝囊。

现在咱是小康之家不算富,

你要有决心,要把小康变大康。

你爹我,人虽老了志千里,

我要干到四化建成再去火葬场。

我的精神足、身体棒,

我的生活不用你帮忙。

你爹我已安排好,

你爹我心里有主张。

下月给你办喜事,

你爹我也做新郎。

西屋里给你娶媳妇,

东屋里给你娶个娘。"

大康一听哈哈笑:

"爹,您这是说的什么话,

您这是要搞啥名堂。"

"只许给你娶媳妇,

不许你爹找填房?"

"爹,三十岁上您不搞,

四十岁上您不想,

现如今您都五十八啦,

咋想起给俺找个娘呢?"

"过去咱穷得叮当响,

我还有心思找对象?

现如今,政策好了,人心变,

我这老树也要吐芬芳。"

"那您心里有目标?"

"就是隔壁张大娘。"

"张大娘是个孤老户。"

"她到咱家正相当。"

"到明年,咱爷仨地里把活干。"

"她在家,养猪、喂鸡把后勤当。"

大康一听心高兴,

(白)"我同意,

这就去和她说端详。"

大康说罢往外走,

张老后边拽衣裳。

"你回来,找工作可以办顶替,

哪有儿子替爹找对象的?

刚才我俩已经说妥了,

求婚我找到她大门上。"

（白）"她同意啦？"

"同意啦！

她愿意给你当后娘。

到下月，咱爷儿俩一块办喜事，

咱爷俩一块拜花堂，

咱爷俩一天娶媳妇，

咱爷俩一块入洞房。

你媳妇过门当媳妇，

俺媳妇过门就把婆婆当。"

爷俩说罢哈哈笑，

欢声笑语飞出庄。

这件事，惊动了全村众老少，

十里八乡都来贺新房。

都说是，政策对头农民变了样，

新日月，写出了新篇章。

这件事，数俺最了解，

这件事，我知根知底儿，

从来没对外人讲。

结婚的老婆儿，俺认识。

就是俺原来的二大娘。

我念完了《双拜堂》，师父鼓起掌来："小子，你还真是搞曲艺的好材料，我不懂唱词，可你念的这两段儿，我觉得都行。故事编得不错，有故事，也有矛盾，人物性格也比较突出，是块活。收拾东西跟我走。""找张昆吾去？""咱先找专家，得到他们的认可。咱先去找王允平,再去找张剑平,王允平和张剑平都是著名的曲艺作家,听完他们的意见,你再去跟张昆吾交差。"就这么一件小事,师父很认真,就怕他徒弟栽跟头。

炎热的夏日,我们爷俩顶着太阳,先去了王允平家,他不在,师父又领着我去找张剑平。

剑老住在杂技团的一间平房里,正是三伏天,剑老屋门大开,从门外就能看到剑老赤裸着上身坐在桌前。桌上摆着一只酒杯,一瓶二锅头,硕大的盘子里放着一只熏好了的兔子,熏熟了的兔子古铜色,泛着油光,全须全尾看着有点瘆人。师父走进屋,一拍剑老的肩膀儿笑着说:"虎毒不食子。"剑老吓了一跳,随即乐出声来,高声答道:"我是老兔子!"我和剑老很熟,他下放南郊的时候我们就认识啦。师父说明来意,剑老从柜子里取出两只酒杯,倒上酒:"来,咱一边儿吃兔肉、饮美酒,一边儿听活。"二位老人家饮酒、吃兔肉,我开始念活。我念得很认真,剑老听得很入神,有几次,举着酒杯愣愣地听我念。两个活念完啦,盘子里的兔子还剩一半儿,他们俩嘴上手上都是油,我像是在给两只老狼念活。剑老手指头放在嘴里舔了一下,眼神示意我喝酒,我喝了一杯,剑老指了指我的稿子说:"不错。明天我去给创作组念念,你把稿子放在这儿我再看看。"我们爷俩酒足饭饱告别了剑老。

周一是曲艺团演员集中的日子。我刚进院,张昆吾就看见我了:"正好,我还要找你呢。"我一听,完,要报复。他说:"你的《芝麻香油》《双拜堂》通过了,参加'津门曲荟',小文子(唱坠子的文爱云)、张杰(唱快书的)已经把稿子拿走了,回头你听听他们唱的。"我半天没说话。昆吾老见我不搭腔儿,问:"哎,你同意吗?"我说:"同意。""那行,就这样吧。"说完他扬长而去。我跟他打赌我写出

43

活来他退休的事，他早就忘啦。

你瞧我这劲费的！

九、打呼噜

凡是打呼噜的人大多数都不承认自己打呼噜，我就是其中的一个。有一次出差，我跟我师父住在一个屋，老头儿受了一宿的煎熬，到了早晨师父睡啦，一觉醒来已经是中午十二点啦，我给他沏好茶递过去，说："您喝口茶，咱们吃饭去，您还真行，能睡到现在，前后够十二个小时睡眠啦。""你别挨骂啦，我早上八点才睡，你打呼噜，我得给你值班啊。""都说我打呼噜，我自己不知道。""你的呼噜还有点水平啦，带嘟噜，还带梦话。""我出个主意吧，今天晚上我给您预备点儿拖鞋，我一打呼噜，您就扔拖鞋，准行。""行什么，扔鞋？扔完照打不误！我可知道打呼噜的厉害，当初我给高元钧捆上绳子都不行。""捆绳子？怎么捆？"

师父开始给我讲起了那段往事。

说来话长啦。1950年我跟高元钧在香港，我们两个住在一个屋，晚上他那个呼噜声惊天动地。头一宿，我是一分钟都没睡，早晨五点钟，我实在是躺不住啦，起来沏上茶，一边抽烟，一边喝茶。高先生，六点钟，一翻身醒啦。他见我这么早起来喝茶挺纳闷儿，问我："哎，文茂，你咋起这么早？"我说："起这么早？我根本就没睡。"高先生坐了起来，冲我一拱手："对不住啦爷们儿，我这呼噜害了不少人啦！我请你喝酒。"我说："没事儿，吃过饭我睡会儿就行。"

晚上快睡觉了。高先生递给我一支烟说："抽完烟你先睡，你睡着了我再睡。我要是再把你'呼噜'醒了，我告诉你个窍门儿，你不用喊也不用闹，你就冲着我唱小曲儿，唱鼓曲儿，我对这个唱很敏感，你一唱鼓曲儿，我就不打呼噜啦。这个法儿，有人用过，很灵。"我说："那我试试吧。"

第二天早晨，高先生六点钟翻身起来一看，我又坐在桌前喝茶。他愣啦，问我："咋啦，又是一宿没睡？""没睡！""我不是跟你说了嘛，你一唱鼓曲我就不打呼噜啦。""是啊，我唱一句，你不打啦，不唱你还打。我一段《杜十娘》唱了十遍，就天亮啦。""这可咋办？"

晚上，又该睡觉啦。高先生从枕头底下拿出一根绳子来，我一看愣啦，问他："高叔，您干嘛，您要上吊？"高先生乐啦："我白天买了一根绳子，一会儿睡觉的时候我把绳子一头儿拴在我的手腕上，那一头儿你攥在手上，我一打呼噜你就拽绳子，你一拽绳子我就不打呼噜啦。"

第三天早上，六点钟高先生一翻身起啦，他一看我又在桌前喝茶。他用手抓了抓脑袋问："咋，又是一宿没睡？""没睡！""你这孩儿，我不是告诉你拽绳子嘛，你怎么不听呢？""谁说我没听，您看看，我把绳子都拽断了三回啦！"

十、人参酒

我师父跟高元钧有交情。高元钧先生是快书、相声两门儿抱，他相声的师父是小蘑菇的父亲常连安，而我师父的师父是小蘑菇，关系本来就亲近，1950 年前后高先生又给我师父量过好长一段时间的活，所以他们爷俩很有交情。我师父说高先生量活量得特别好，不洒汤不漏水，就是有点儿口音（倒口，地方音）。在香港走穴的时候，他们爷俩建立了深厚的感情。

"文革"后，我师父去看高先生，我跟着一起去的，那天他们见面的场景至今常常浮现在我眼前。爷俩抱头痛哭，有说不完的话、诉不完的苦，恨不得把下放的苦楚一股脑儿都说出来。高先生那天异常兴奋，把家里的好吃的都拿出来让我吃。

中午高先生拿出了他珍藏的酒，这酒是用人参泡的，盛在一个大大的玻璃罐里。高老小心翼翼地抱着罐子放到桌上，一边用提斤儿打酒，一边说着这酒的来历。

"我下放到东北嫩江农场，那里的干部差不都是抗美援朝以后留在那的老战士。我不认识他们，他们认识我，我虽然是下放到那，但他们还是叫我首长，我在那里没受罪，倒享了福啦，他们把我照顾得很好，我跟他们建立了很深的感情。我回北京那天，场长给了我两棵老山参，说是叫我补补身子。你看，这里边泡的就是那两棵老山参，好朋友来了我才拿出来。爷们儿，你尝尝。"我师父是个好酒的人，喝了二两还不过瘾，要再来。高先生拦住了我师父，说：

"你，换啤酒，这酒你不能再喝了。""您还舍不得？""舍得，你带走都行，可现在不能喝了，曾经因为喝这个酒差点出了大事。""怎么回事？"高先生借着酒劲儿说起了他请杜彭喝酒的事。杜彭是中国青年艺术剧院的著名演员，著名演员蓝天野的哥哥。他曾出演过电影《上海姑娘》，在电视剧《四世同堂》里扮演钱先生，他也搞话剧，是中国曲艺家协会的理事。不仅如此，杜老还会唱山东快书、会唱单弦，还能写，《大头兵张老三》《双卧车》《一盆饭》都是出自他手。杜彭和高元钧是把兄弟，哥儿俩有几十年的交情。

高先生就是跟杜彭喝这个人参酒出的事。当时杜彭先生正在排演话剧《伽利略传》，他是主演，这部戏是文化部亲自抓的戏，在这期间高先生请杜彭到家里喝酒，喝的就是人参酒，当时谁也不知道这酒劲儿这么大。

杜彭喝完酒回家睡觉，第二天，七窍出血，眼边儿、鼻孔、嘴角儿、耳朵眼儿都有血嘎巴，嗓子一字不出，说不出话啦。可把大家吓坏啦，赶紧送他去医院，各种检查都做了，结论是没病。没病怎么说不出话啦？有高人出主意去看中医，中医看完说："这个人内热太大，问问他这几天都吃了什么东西啦，说不出来没关系，让他写。"杜彭在纸条上写道："昨日，高元钧处饮酒。"家人赶紧给高元钧打电话，电话通了，高元钧用嘶哑的声音喊道："我也折腾半宿啦，没事儿，那是真参呐！"

十一、黄鼠狼子吃夜宵

　　演员大都有吃夜宵的习惯，因为夜场演出一般在晚上七点半开始，如果提前吃了晚饭，带着一个大饱肚子上台，是说、是唱，丹田气都提不上来。武行就更甭说啦，吃个大饱肚子台上翻去，一会儿准吐台上。所以上晚场的演员一般都不吃饭，也有吃碗馄饨、吃块点心垫垫的，据说张君秋先生上晚场就喝一杯牛奶。再有，吃夜宵的时候还能喝两口，吃晚饭不能喝酒，晚饭喝酒然后再上台那是艺人最忌讳的。因此，相声界的老先生们吃夜宵大都是连吃带喝。

　　我师父说，过去杂耍园子一开就是一天，有时候就得轮流吃饭，到了饭点儿啦，观众也有去吃饭的，园子里就没多少人啦，可园子里的演出不能停，虽然观众不多，演出也得继续，就有了"板凳头儿"。所谓"板凳头儿"就是指在这个时段的演出。我始终不明白为什么叫"板凳头儿"，我琢磨着可能是说场子里观众不多，能坐五个人的板凳，就坐着一个人，就是说一个人坐一条板凳，剩下的都是板凳头儿。园子里人要是坐满了，根本看不见板凳，只有这个时段，你能看到板凳头儿。别看上"板凳头儿"是垫场的活儿，但上"板凳头儿"的演员都得是好角儿，得把观众"蔓住"喽，一个不能走。等上座，观众上得差不离啦，再正式开演。

　　20 世纪 40 年代，我师父正学徒，轮流吃饭轮不到他呢就开演啦，所以根本就吃不上晚饭，于是，夜宵成了他的正餐。因此他养成了不吃晚饭吃夜宵的习惯，多少年一直是这样。

有一次师父在租的园子演出，等演出完了，他的师爷、师大爷、师叔都走了，我师父得留下归置东西，归置完再去买夜宵，不能回家，怎么呢？因为他还得看园子，只能把吃食买回来在园子里吃。

十几岁的孩子一个人看一个剧场，吓得他有一点儿动静心里就一哆嗦。晚上散了演出就拉闸，闸一拉，就没电啦，只有一盏提灯（马灯）照亮。一个园子，一盏灯，一个人，搁谁也害怕。我师父有办法，喝酒，他说酒壮怂人胆。因此，我师父十三四岁就喝酒是有原因的。他自己买点果仁，买二两白酒，再来俩烧饼，场面桌当饭桌，舞台上一摆，一吃一喝，自得其乐。

有一天夜间，出了事儿啦，把我师父吓了个魂飞魄散！

半夜十二点多，我师父自己正喝着酒呢，就听见侧幕条唰啦唰啦地响，师父咳嗽了一声，动静没啦，一会儿，侧幕条又唰啦唰啦地响。深更半夜，黑洞洞的剧场里只有舞台上的一盏马灯和一个十三四岁的孩子，这时候，舞台上的侧幕条飘了起来，还唰唰作响，多大胆的人看见了也得吓个够呛，何况是个孩子。师父壮了壮胆儿喊了一嗓子，那声音有点声嘶力竭："谁呀？可别吓唬我。"他两眼直勾勾地看着眼前的侧幕条，就见侧幕条一动，出来个小人儿，师父"啊"了一声，一动不动地站在那，通身冒汗。只见那个小人儿有二尺多高，头戴小花帽儿，冲着我师父一步三摇地走过来了。我师父"哎呦"一声，把茶碗举起来了，小人儿顿时站住了，我师父定睛一看，哪里是什么人，是一只黄鼠狼。只见这只黄鼠狼举着前爪向他走过来了，师父又是一身冷汗。他听老先生们说黄鼠狼通人性，是大仙爷，不能伤害它，于是，黄鼠狼往前走，我师父往后退，眼看着黄鼠狼走到桌前，把前爪儿放下，一低头，吃起了桌下的花生皮儿。我师父定了定神，把茶碗放下，开始仔细端详这只黄鼠狼，它大约有二尺多长，一身的黄毛，黄毛在马灯的灯光下闪闪发亮，一张小脸上长着尖嘴大眼，眼睛还冒着绿光，头顶着的是戏台上丑角儿戴的小软帽儿，嘿！它还扮上啦。我师父又咳嗽了一声，黄鼠狼抬起头，大眼睛滴溜溜乱转，一点儿害怕的意思都没有，师父心想："这是个老住户啦。"我师父僵着两条腿，很吃力地坐下了，黄鼠狼旁若无人，继续吃它的花生皮儿，师父长吁了一口气，端起酒杯说："要不你喝点？我搅和你休息啦，你原谅。光吃皮儿哪行，给，来点花生尝尝。"说着，他抓了一把花生扔在了地上，黄鼠狼三下五除二就吃光了，师父又抓了一把，黄鼠狼风卷残云，吃了个干干净净。花生没啦，我师父笑啦。"你看，你这不喝酒的就是费花生。怎么样，来块烧饼吧？"师父扔给它一块烧饼，黄鼠狼闻了闻，不吃，用小爪往桌前推了推。师父拍了拍手说："花生没啦，您就别挑食啦！"黄鼠狼好像是听懂了师父的话，一扭头，一步三摇地走啦。

这一宿，我师父没睡好，是兴奋还是恐惧，是高兴还是扫兴，他自己也说不清。第二天一整天，黄鼠狼的影子在他脑子里挥之不去，毕竟他才只是个十三四岁的孩子。

晚上，师父早早地买了花生米、酒和烧饼，他很期待黄鼠狼的出现，坐在桌前等着它。十二点一过，黄爷一步三摇，顶着小花帽儿来了，师父这回可没害怕，扔给它一把花生米，自己也喝起酒来。酒足饭饱后师父睡了，次日醒来，他也想不起自己是什么时候睡着的，黄鼠狼是什么时候走的了。

就这样，每天晚上师父和黄鼠狼共进夜餐，到后来，黄鼠狼站在桌上跟师父面对面又吃又喝，这可真成了黄鼠狼戴帽子——充人啦。他们二位越混越熟，有时候师父买夜宵还没回来，黄鼠狼就大模大样儿地坐桌子上等啦！师父跟我说："这倒好，我白天伺候师

51

父、师爷,晚上伺候黄鼠狼。我估计这黄鼠狼叫聂小倩!"

黄鼠狼吃夜宵的事儿师父没跟任何人说,他不敢说,怕得罪了大仙爷。可小孩儿装不住事儿呀,老想着跟别人说说他的奇遇,这时候他想起常三爷(常宝霆)来了。常三爷跟我师父一般大,是我师父的亲三叔,那时候他们都十三四,正是捣乱的时候。师父跟三爷总是打架,三爷辈儿大,每次打架都占上风,师父老是吃亏,他心里不服,就想用黄鼠狼吓唬吓唬三爷。

这一吓,差点出了人命。

有一天,我师父跟常三爷说:"三叔,您晚上跟我看园子多好,没人管,还能喝酒。您晚上来嘛?"那时候三爷家教很严,不敢轻举妄动,更别说喝酒啦!但他一听说晚上看园子,又能喝酒,还没人管,很好奇,也很兴奋,便一口答应了师父。晚上园子散了夜场,常三爷悄悄给了我师父一些钱,叫师父去买点杂样(酱肉),自己就先回家啦。三爷得先回家,再偷偷地跑出来。

我师父去买了酱肉,什么猪头肉、心肝肚肺一大堆,外加两包花生米、两包老虎豆,还打了一瓶烧酒。回来后,师父点亮马灯,摆好椅子,场面桌儿放好,摆上酒菜,放上两只酒杯,单等三爷光临。

快十二点啦,传来了三爷颤抖的喊声:"文茂,文茂!"我师父听到了假装没听见,三爷的喊声愈来愈高:"文茂,文茂!"师父答应了一声,走到后台把三爷领到台上。三爷看了看台上,说:"这么黑呀?"师父走到桌前,提起马灯向四周照了照,说:"你看,这不是挺亮的吗!"随着马灯的光线,他俩的影子在舞台上乱晃。"行啦,你快撂下吧!早知道这么黑,我就不来了。""您坐下喝酒吧。"

师父把常三爷按到椅子上,三爷斟了一杯酒,一饮而尽,一来是他想喝酒,二来是也想壮壮胆子。爷俩嗞一口酒,叭一口菜,就这么喝了起来。师父算着时间估计黄爷该来了,他起身站起来说:"三叔,我架个梁(撒尿)。""你快点儿,我害怕!""一会儿就回来。"师父走进了黑暗处,偷偷看着三爷。常三爷喝了一口酒,咳嗽了一声,唱起了京韵大鼓"马嵬坡下,草青青",一落腔儿,不唱啦,他可能也觉得此时唱这个有点瘆得慌。

黄爷来了,还是那副打扮儿,一步三摇来到三爷背后,黄爷走路轻,三爷并没听见。最可恨的是这位黄爷,它两个前爪推了一下常三爷,三爷觉着有毛茸茸的东西推自己的后腰,他"啊"了一声,举着的酒杯掉在了桌上。人越是害怕越是想看个究竟,三爷慢慢地扭过头去,这下坏了,常三爷和黄鼠狼来了个面对面。只见黄爷前爪举起,两眼冒着绿光,常三爷"哎哟"一声惨叫,从椅子上翻了过去,黄鼠狼也吓坏啦,一溜小跑不见啦。我师父一看出事啦,三步并两步跑了过来,见常三爷仰面朝天,口吐白沫。我师父一边窝腿,一边掐:"三叔,三叔,醒醒,醒醒!"三爷一字不出,死过去啦!

我师父哭喊着叫来了师父(小蘑菇)、师爷(常连安),常三爷被送到医院,总算是醒过来了,可是精神恍惚,问什么都不说,每天午后发烧,一连烧了二十天,走路都打晃儿。

小蘑菇是个聪明人,他把我师父叫到跟前十分严厉地说:"那天夜里,宝霆在园子是不是看见什么啦?"我师父这才把那天的事一五一十地说出来。小蘑菇并没有训斥师父,他随手给了我师父一些钱,说:"你去买酒,买杂样儿,按照那天的样子弄好,晚上我去。"当时我师父是一头雾水,不知小蘑菇要干什么。晚上,我师父按小蘑菇的吩咐把酒菜弄好,夜里十一点半,小蘑菇搀着常三爷来到了园子。小蘑菇叫了一声我师父:"文茂,你们那天怎么坐的今天就怎么坐,咱们演习一遍。"师父把常三爷搀扶着坐好,小蘑菇说:"喝酒啊!"我师父怯生生地端起了酒。黄鼠狼的生物钟特别准,约莫十二点的时候,黄爷一步三摇地走了出来。走到常三爷背后,小蘑菇说了声:"宝霆,回头看。"常三爷一回头,又是那天的景象出现啦,常三爷极短促地"啊"了一声,小蘑菇大喊一声:"宝霆,你看,黄鼠狼子,那天你看见的就是它,有什么害怕的!"三爷点了点头,额角上冒出了冷汗。

第二天,常三爷神奇般地痊愈啦!师父很是疑惑,他问小蘑菇:"师父,三叔怎么就好了呢?""以毒攻毒呗!哪天,让你师爷(张寿臣)给你讲讲《杯弓蛇影》的故事。我是用成语给你三叔治的病!"

十二、昨天看了个电影

师父跟我说过这样一句话：演员，台上不能说错话，用错词语，念错字。不懂、不会、不认识的字没关系，你可以查字典，有明白的人你可以问。问不出来，换句话说，不怕不精，就怕说错。嘴勤能问出金马驹来。老先生们没念过多少书，可他们有学问，我见过很多老先生都有一本字典，随身带着，如同带着一位老师。老先生和有学问的人交朋友，跟有才华的人交流，增长见识，以勤补拙。别以为老先生没文化，他们有积累、有见识。

师父说：艺不错撵。凡是有蔓儿有影响的演员，一定是有本事的。吹是吹不出名演员的，他们处处展示着自己的才华。比如王文玉，他说评书，还给文亨老师量活，可他写过《劝业场史话》《谭富英》等文学作品，文字功力不得了；刘宝瑞晚上上园子说相声，白天摆摊算卦批八字，他研究《易经》；你师爷小蘑菇扮上能唱一出；李伯祥买卖跤（摔跤）摔得那叫漂亮；唱西河的田荫亭那是个大书法家，田英章、田蕴章都是他的公子，在中国书法界有一号。老先生们才华横溢、各有千秋。有的人可以过目不忘；有的人专门攥弄（编写）活（节目）；有的人善长即兴表演，出口成章；有的人应变能力极强。我们要尊重老先生，要跟老先生学，处处留心、处处用心。

有一天我师父给我讲起一段往事。

20 世纪 40 年代末，我师父和几位老前辈在地道外（河东）上地（演出）。那是个有屋顶的小园子，四面是支柱儿，有台，有长条板凳,园子不讲究,可比露天的地方好多了。演出就怕观众少,不上座,曲艺界有句话叫作"刮风一半儿,下雨全无",说的就是上座率,遇到刮风整个场子最多来一半人,如果下雨可能就没人来了。

有一天,正是上座的时候,突然间大雨倾盆,街上顿时没人啦,园子里更是空空如也。本来要去上园子的老先生们一看这么大的雨,就都不去了。

地道外的小园子里就来了我师父和张振圻先生,这爷俩大眼儿瞪小眼儿,盼着能有观众进来。没想到,一场大雨过后小园子里竟然座无虚席。观众是坐满啦,可就只有师父和张振圻两个人怎么演那呢?师父上台说了一段单口儿,换上张先生,张先生也说了一个单口儿,然后,师父和张先生又使了一段对口儿。三段搁一块儿也才半个多小时,可怎么也得演够一小时五十分钟才能"推买卖"(结束演出)。这怎么办?就见张振圻先生不慌不忙,叫了一声:"文茂,你去打钱(即敛钱,当时剧场不买票,都是零打钱),剩下的时间归我。"

我师父拿着小笸箩到观众席中打钱,只见张振圻先生胸有成竹,摔了一下醒木,大喊一声:"您听我这段儿《雨夜奇案》!"

我师父一听懵啦,哪来这么一段儿呀?听吧!张先生口若悬河,算是开了书啦,一个包袱接一个包袱,一个扣子接一个扣子,观众听得是目瞪口呆,忽而哄堂大笑,忽而鸦雀无声。我师父抱着小笸箩也听入迷啦,他是听进去啦,也不带尖儿(带头鼓掌),也不打钱啦!张先生说着说着,大喊一声:"苏文茂,你不打钱,咱爷们儿吃什么?"观众又是一阵大笑。我师父这才如梦方醒,想起打钱来。

小笸箩里零钱满了,《雨夜奇案》说完啦,观众意犹未尽。这段《雨夜奇案》把观众笑得够呛,也吓得够呛,观众过瘾啦,我师父也过瘾啦。为什么？他没听过这段。夜里十一点多钟，观众散去，雨又来了。张先生看了看小笸箩里的钱，乐啦："文茂，今儿咱爷俩置（赚）下来了，趁着雨不大，赶紧去买点酒买点菜，咱爷俩搬（喝）点儿。"

张振圻先生大口喝着酒，笑着，他对自己今天这段《雨夜奇案》十分满意。他拿起酒瓶给我师父倒了一杯酒说："爷们儿，今儿我使得怎么样？""好啊，连我都听入迷啦，我没听过这段儿。"张先生哈哈大笑："不光你没听过，大概谁都没听过。""您这段是谁给您'过的'（跟谁学的）？""我自己给自己过的！告诉你吧小子，这是我昨天看的一个电影。"当时我师父是目瞪口呆，他万万没想到，张先生看了一部电影就能把它说得如此生动，把观众"扣"得纹丝不动，情节、人物栩栩如生，包袱合情合理。这可是即兴表演，现说、现抓、现挂、现拴扣子，一边儿演，一边儿编故事。老先生能耐大了去啦！

我师父说他一定要去看那个电影。那时候，一个电影至少要放三个月，很少有人会去电影院看电影，一是电影票贵，再有，也没有这么多电影院。我师父终于看了张先生说的那部电影，之后他十分感慨地说："这个电影，演的不如张先生说的好！"

十三、"咱这行拜把兄弟
也不是他兴的"

　　我们相声界最重师承,注重行规。拜师摆知,一是告知同行,二是入门户,求得个相互照应,相互提携。拜师学艺不分岁数,谁入门早谁就是师哥,还有徒弟比师父大的呢!马老祖(马三立)的徒弟阎笑儒就比马老祖大一岁,当然这也是极特殊的。还有的入门晚但辈儿大,也有的是"自来辈儿"。马三爷的公子志明,我们就叫他大辈儿,还有老常四爷(常连安)的公子们都是大辈儿。常宝丰就说过:"我没拿辈份当回事儿,我刚会说话就有人管我叫'九爷',我还以为我小名叫九爷呢。"

　　不过也有叫真儿的。入门晚但辈儿大,本来是师侄相称,那入门早的不认可叫叔,本来该怎么叫就应该怎么叫,可就是难以启齿,入门晚却辈儿大的就很尴尬,很难做人。老先生有办法,拜把兄弟,甭管大辈儿小辈儿,一头磕在地下便以兄弟相称。于是便有了大哥二哥麻子哥。还有的,自己有师父,又想拜别人,想跟人家学艺,怎么办?再拜一个师父?没这规矩。老先生有办法——认干爹。

　　我师父是个例外,他是入门早,辈儿小,可辈儿大的很少跟他论。有句话叫论资排辈,有些辈儿大的论资格没法跟我师父比,所以他们见了我师父都称苏先生。但我师父从来不答应,总是敷衍了事。

　　有一回,一位自称是门里人,让我叫他师叔,我问师父跟他怎么论,师父生气了:"哪的就管他叫师叔?谁认识他呀,你都六十啦,别满世界叫师叔去。该叫的叫,不该叫的别理他。我一辈子管人家叫好听的,这又传到你那啦!以后这路人再问你你就说你是周蛤蟆的徒弟。"那年,师父已经八十岁了。

原来我不知道,相声界把兄弟多。有一次曲艺团演出,魏文亮叫李伯祥上车,说:"四哥,您前边坐。"李伯祥和魏文亮就是把兄弟。我当时正在车上,我应该规规矩矩管李伯祥叫师叔,他和我师父是同辈儿,可我也跟着喊了一声:"四哥,您坐我前面儿。"李伯祥顺口答音儿:"得啦,兄弟,我就坐这儿吧。"他扭头一看,是我,他乐啦:"好小子,管我叫四哥。你找挨骂!"

打那儿以后,我就和李伯祥开起了小玩笑,见面我就叫他"四哥",他高兴了还管我叫一声"老六"。

有一次,李伯祥见着我师父给我告状:"哎,师兄,你这个徒弟他管我叫四哥,你管不管?"我师父诡秘地一乐:"咱这行拜把兄弟也不是他兴的,你们都拜了把子啦,叫四哥就叫四哥呗!"李伯祥一听哈哈大笑:"行!干脆,你、我、你徒弟咱们联盟,坟地改菜园子——拉平了算啦!"

十四、师父给我过臭活

近年来,茶馆相声如雨后春笋噌噌地往外冒,各地都有了相声社团。呼啦啦出来这么多说相声的,有专业的,也有业余的;有会说的,也有不会说的;有讲究的,也有胡说的;有归路的,也有不归路的;有文明的,也有低俗的。一时间,相声舞台上鱼龙混杂。但有时剧场效果还挺好,不会说相声的碰见不会听相声的了,他们各自感觉都良好。

我师父被称作文哏大师,他对舞台上的污言秽语深恶痛绝。他常常跟我说:"台上的包袱宁缺毋滥,宁肯效果不好,也不能胡说八道。我们不能把几十年净化的舞台再弄脏喽。相声是语言的艺术,也要有艺术的语言,相声从撂地走到舞台,多么不容易。坚持'三不说',低级庸俗的不说,伦理哏不说,讽刺残疾人的不说,是冒着上场顶瓜(紧张)不怕使'泥'(效果差,包袱不响)的代价走过来的。这三不说使我的演出效果不是很好,每每演出都非常吃力。用一生的追求赢得了观众的认可,是吃了很多苦头的。坚持说好相声不容易。"

相声的演出形式决定了它的门槛儿低,好像能说会道豁得出去的就能说相声,其实,相声艺术博大精深。行里有句话:"学到知羞处,方知艺不高。"我师父常说:"有些人还不知道害臊了,没法跟他理论,也不用跟他着急。你一定得认清,什么是胡闹,什么是艺术;什么是幽默,什么是洋相,不能随波逐流。现在有些人很火,他们是娱乐,是快餐。一阵风刮过什么都留不下。我们搞的是艺术,每一个作品都得经得住历史的考验。好的作品不是一阵风,得立得住,能保留,能传世!"

有一回,师父可是真着了急啦!有一段时间观众对茶馆相声很不满意,三俗的节目泛滥成灾,低俗、庸俗、媚俗的内容到处可见,有人说是让二人转给带坏啦。我师父说,那是他自己随波逐流、良莠不分、没有定力,怪不得二人转。东北很多二人转也是规规矩矩的,劝孝、劝善、教化人,演绎故事、塑造人物,很具有文学性。

师父要去茶馆看相声,我为难啦,我知道师父是一个直言不讳的人。相声是他的生命,他决不允许脏、臭、烂的东西侵蚀相声生命,我不能让他听要他命的相声,可他执意要去。是福不是祸,是祸躲不过。

我悄悄领他进了一个茶馆儿,才听了两段儿,我一瞧,师父脸上已经变了颜色,一会儿的工夫,师父的脸就变猪肝儿色了。他小声嘀咕:"什么玩意儿,流氓啊!"他站起身来要走,好像又想起了什么,他说:"咱现在走,礼貌吗?"我说:"不礼貌。""他们对观众已经很不礼貌啦!走!"我怕他找到后台去,硬拉着他离开了剧场。

到家了,老头儿还没消气儿,气哼哼地往椅子上一坐,一支接一支地抽烟。

师娘不知怎么回事,问我:"你师父跟谁呀?怎么气成这样?"我说:"听相声听的。""啊?听完相声变这样啦,什么相声,这么大魅力?"师娘是想缓和一下师父的情绪,师父一拍桌子把师娘吓了一跳,他用手指着师娘说:"他们说段子,我跟你都不好意思学!我说不出口。"我给师父倒了一杯茶递过去:"您喝点茶,别生气,他们就是整天演臭活!""那叫臭活呀,那是撒大村,骂大街!臭活才不是这

与师父一起参加中央电视台"朋友"栏目

样呢！过去撂地是有些脏的、臭的,那使活的时候也得看看'黏子'(观众),说几句道歉的话,'大姑、大姨、大姐、小妹妹们,我可不说人话了',女客一听这个就走啦。现在可好,有谁是谁,他们台上说的敢在家里同着他妈他姐姐他嫂子说吗！"老头儿越说越气愤,鼻子尖上都是汗。

师娘把切好的火腿、拍好的黄瓜摆在桌上。我急忙把他的老两样——花生米、干虾干摆到桌上,说:"喝吧,酒能泄愤。"师父喝了一杯酒,我为了让他缓和点情绪说了一句:"师父,您放心,我、我徒弟,绝不使臭活。"听完这句他又急啦:"你还想使臭活？"他一指桌上的酒菜,"再说臭活,喝酒？连窝头都吃不上啦！"

师父那天酒没少喝,话也没少说。平日里师父也没这么多话,总是温文尔雅、慢条斯理、今天让我看到了冰山的另一个角啦！他还真是疾恶如仇！发起火来也像头狮子。

　　我师父从来没给我过过臭活，今天是个机会。因为他刚才说撒大村不是臭活，是骂街，那臭活什么样啊？我跟师父说出了我的想法，师父乐啦："你这个岁数也该知道点臭活了。不过是学它的技巧、看它的结构，品品它有没有文学性，是一种借鉴。当初，张老祖（张寿臣）在后台只要听到臭活、脏话，不管哪位，下台就是一拐棍儿。我说过几个，拐棍儿倒是没落到我头上。不过张老祖说，这种活要分场合，有的场合可用，有的场合不可用。

　　我在开政协会的时候，给那些文学艺术界的、教育界的、演艺界的专家学者们说过一段儿。那段叫作《就是他放的》，说的是三国的故事……"

　　《三国演义》大家都看过，有一个章节叫作"青梅煮酒论英雄"，有人误认为青梅煮酒，是把青梅和酒煮在一块儿，不是，这说的是时间，是指青梅时节。曹操和刘备园中饮酒，各怀心腹事，俩人心照不宣。曹操就是想问问刘备，将来江山是谁的，刘备是百般搪塞，就是不说。刘备身后站着关羽，曹操身后站着夏侯惇。这两位深知主子的心思，心里无比紧张，可是面沉如水。常言说："酒逢知己千杯少，话不投机半句多。"曹刘二人在此斗智斗勇，哪有半句投机的话呀！更没有心思喝酒啦。看着他们频频举杯，可并不欢畅。

　　园中石凳久坐有些凉意，秋风一吹，刘备腹中咕噜噜作响，"卜"的一声，刘备出了虚恭，放屁啦。关羽、曹操、夏侯惇都听见啦，可没人作声。突然，关云长冲曹操一拱手，言道："丞相，羽出屁也，惭愧！"曹操心想，明明是刘备放的屁关羽担起来，看来关羽护着主子。屁大点的事儿关羽都敢于承担，日后大事必成。曹操斜着眼看了看夏侯惇，夏侯惇心知肚明。刘备好似看出了曹操的心思，赶忙拱手："曹丞相，备出屁也，惭愧！"曹操一听，罢了，这一仆一主屁大点儿的事相互担承，何愁大事不成。曹操又看了一眼夏侯惇，随即举起酒杯："来，干了此杯，暖暖身子吧！"曹操腹中也不好受，一放松，他老人家也出了虚恭。夏侯惇上前一步，一拱手："丞相，刘皇叔，惇出屁也，惭愧！"曹操一听，心想："行，小子学得够快。"好一个羽出屁也、备出屁也、惇出屁也。曹操明知是自己放的屁，当着刘备岂能嫁祸于他人。他忙一推夏侯惇的手："且慢，刘皇叔，不是羽出屁、备出屁、惇出屁，是——就是他放的。"

师父绘声绘色地说完了《就是他放的》，喝了一口茶，笑着说："这是臭活。它有人物、有情节，故事生动，从头到尾没有一个脏字。但底是臭底，只是意会中产生效果，不伤大雅。就是这样的活张老祖都说看场合，有的场合能说，有的场合不能说。现在怎么这么随便！现在没有权威，谁说了也不听啊！"

我听了这个活很过瘾，觉得很有意思。我说："师父，这类活您从来也没跟我说过，我觉得活的路数很好，有可以借鉴的地方。"师父高兴啦："得，再给你说一个，你老搞创作，说一个四六八句的。这段叫《师娘说合适》。"

教私塾的康先生六十多岁，满腹经纶，精通诗律，他教的学生对诗词歌赋都学得很用功。康先生的老伴儿陪了康先生几十年，虽然没什么文化，认不得几个字，可长期受康先生的影响也懂得点天对地、雨对风、大对小、老对少之类的。有一天康先生要出外应承一个喜事儿，就把四个学生委托给师娘看着。"我得去王庄，很晚才能回来，你给我看着点孩子们。""行啊。"康先生有一匹枣红马，康先生特别喜欢，每次出门先生都要骑上这匹马。他把马牵出来，准备要走，孩子们从屋里出来了。"先生，您这是要出门呀？""对，王庄有一个喜事我要去一下。好好念书，不要偷懒，有事跟你师娘说。""先生，我们念什么？"康先生一扭头，看见自己心爱的枣红马风中站立，马尾被风一吹显得特别漂亮。他诗兴大发，信口吟出一句"风吹马尾千条线"。"好吧，这就算我给你们出的对子的上联。谁对好了下联谁就回家。记住了，上联是'风吹马尾千条线'，你们对下联。老伴儿呀，他们对完你听一听。""我哪有这么大的学问。""只要是字数对，合适就成。""好，这个我懂。"

康先生翻身上马，走了。

师娘把四个学生叫到屋里。大学长拉着师娘的胳膊说："师娘，我先对。""好。""先生出的上联是'风吹马尾千条线'，我给对'雨打羊毛一片毡'。"师娘听完点了点头。"下雨的时候雨水打到羊身上，羊毛全湿了，像是一片毡子。风吹对雨打，马尾对羊毛，千条线一片毡。师娘，我对的行吗。"师娘说道："好，风吹马尾千条线，雨打羊毛一片毡，嗯，合适。你可以回家了。"大学长洋洋得意地走了。一会儿又站起一个学生来。"师娘，我也对上来了。""你怎么对的。""风吹马尾千条线，我对，日照龙鳞万点金，龙鳞在阳光下闪闪发光。"师娘一听笑了。"对得不错。风吹，日照；龙鳞，马尾；千条线，万点金，合适，你也可以回家了。"这一天学生们很认真地对下联，对上的都回家了。最后，就剩小师弟了。小师弟年龄太小，琢磨到天黑月亮都出来

65

了还没想起来。"师娘我饿啦。""饿了也不能回家,你老师说了,对不上下联不准回家。"正在这时候,窗外来了一个卖吃食的,他牵着一头驴,驴身上有个钱鞯子,里边儿装着花生、崩豆、炒黄豆、兰花豆儿。师娘拿出俩大子儿交给小师弟:"去,你先买俩大子儿的豆垫垫,等对出下联再回家吃饭。"小师弟高高兴兴地走出屋买了俩大子儿的崩豆儿,一边吃一边看那头驴。他越看越觉得这头驴有意思:"哎,掌柜的,你的驴怎么五条腿呀?"掌柜的乐啦:"什么五条腿呀,那条不是腿,那是驴殳。去去去,念书去,小孩不懂这个。"小师弟突然灵光一闪,想起下联来了。急忙跑回屋,两眼瞪着师娘说:"师娘,我有下联啦。""你说说怎么个下联儿?""师父的上联是'风吹马尾千条线'。""是,你对什么?""我对,月下驴殳一根筋。"师娘乐啦:"好,风吹,月下;马尾,驴殳;千条线,一根筋。好,合适,太合适啦。"小师弟蹦蹦跳跳地回家啦。

第二天师父检查作业:"昨天我出的上联都对上来了吗?"大学长站起来说:"您昨天的上联是风吹马尾千条线,我对的雨打羊毛一片毡。"老师乐啦:"好,奖励你一支毛笔。""老师,我对的是日照龙鳞万点金。""好,奖励你一个墨盒儿。""你呢,你对上来了吗?"小师弟一撇嘴说:"师娘说他们都不如我对的好。""你是怎么对的?""您的上联是,风吹马尾千条线,我对,月下驴殳一根筋。"师父一拍桌子说:"粗俗,太粗,太粗啦!""可师娘说合适!"

师父绘声绘色地说完,我乐啦。师父点着一支烟,吐出一片烟雾,眼睛看着我认真地说:"你看,对子很工整,有文化味儿,底是俗了点儿,可还是没有一个脏字。应该是一个文字游戏,巧妙的误会。就是这样的节目张老祖还说有的场合能用,有的场合不能用。现在可好,有谁是谁啦,谁也管不了啦。过去张老祖一句话就管用,他不让说的谁都不敢说。现在没有权威啊,任凭他们胡说。"师父感慨地又把没权威的话说了一遍。"俊杰,相声如果这样发展下去怎么得了。说相声的为什么穿长衫,拿扇子?是向文化靠拢。说书的人被人尊称为先生。相声、鼓曲、评书都是劝善、劝孝,演忠义、唱英雄、教化人。说相声的从祖上说也都是文化人。东方朔、张三禄、穷爷、穷不怕朱绍文都是满腹经纶,朱爷就是秀才出身。他们'舌治心耕'就是想能让这行业发扬光大。咱们可不能忘了祖宗。"

那天,师父跟我聊了一宿,他寄希望于我,我也感到身上的责任。他希望相声不要丢掉根,要发扬光大。恩师不忘初心啊!

十五、"这个新娘你们得叫奶奶"

常宝丰娶儿媳妇,宾客如云,天南海北的相声演员都来贺喜。常宝丰长我四岁,他是我师爷小蘑菇最小的弟弟,我叫他九爷。九爷,那才叫一个爷,从小蜜罐里长大,福里生,福里长,生就得小孩脾气,讲义气,爱交朋友,人缘特别好。就一个特点,凡事就得他说了算,而且想一出是一出。

九爷娶儿媳妇我必须得去,而且去得特别早。我一进婚礼大厅,就看见九爷迎面走过来。我说:"九爷,给您道喜!""先别道喜,今天的婚礼你主持。""您没找婚礼主持人?""找啦,就是你呀,这么多说相声的,谁不会主持婚礼呀?""那,我再找几个人,一块主持。""你找谁我不管,这事儿交给你啦!"九爷一锤定音,我责无旁贷。

我找了李伯祥的徒弟高吉林、唱快书的储从善、唱坠子的张楷。我们仨赶紧策划怎么开场、都谁讲话,怎么能别出心裁,来个不一样的婚礼。在座的都是曲艺界的人,婚礼得搞得有点意思。

我的担心是多余的,来的全是笑匠,每位的发言都是语出惊人,婚礼场面火爆热烈,笑声不断。

记得张楷使了一个包袱惹得全场爆笑。当天她是以介绍人的身份出现的,张楷没结婚,连男朋友都没有,她笑呵呵地开口说话:"小老叔(指宝丰的儿子)人好、厚道,长得也漂亮,我给他介绍了一个好姑娘,谁知道一见面就成啦。我作为介绍人感到非常高兴,我把他们说成啦,我自己砸在手里啦!"一句话,会意的笑声响彻大厅。

我师父上场啦，他是白胡子、白头发、白眉毛，手里倒是没拄着白拐棒棍儿，而是拄着一只古铜色的手杖。那年他七十有余，我搀着他走到台中，他老人家冲着来宾深鞠一躬，笑得十分可爱。师父说话声音很大："学徒苏文茂上台鞠躬。"

全场笑喷，他这是要使活啊！"今天是个好日子，我九叔娶儿媳妇，我给九叔九婶儿道喜。"他回过头来，看着比他小五十多岁的宝丰的儿子说："我给我兄弟道喜。"他老人家又冲着新娘说："我给弟妹道喜。弟妹长得漂亮，我羡慕，忌妒。那位说啦，你个白胡子老头儿，还逗新娘？常言说，三天没大小——我这也太大啦！多大也得按规矩来，这是我弟妹。"这时候新娘子已经羞红了脸，七十多岁的人管她叫弟妹，她感到很不自在。师父好像猜到了新娘的心思，他继续逗趣儿："弟妹你看，"他一指坐在下面的我师娘，"你看那个白毛老婆儿，是你嫂子。"来宾又是一片笑声。师父来精神啦："俊杰过来。这个新娘子，你叫婶子。""婶子。"我叫了一声。"俊杰，你徒弟都来了吗？""来了。""都过来啦，你们记住了，今天这个新娘子，你们都叫奶奶！"我徒弟们一口同声："奶奶。"羞得新娘无地自容！

我很少见我师父在公众场合开玩笑，今天是个例外。一个快八十岁的人管二十岁的新娘叫弟妹是挺有意思的事，也只有在他身上才会发生这样的事。

师徒如父子，进了常家的门儿，就是常家的人。师父一生没含糊过。

这是我们相声界的传统。

十六、我跟师父开过一个玩笑

我师父从旧社会时就学徒,一直生活在杂耍园子里,老先生那些活路(使相声的技巧)、买卖道(为人处世之道,生意之道)他都懂得;那些坑人的坏门儿、生活中的恶习他比谁都了解。他上过当也受过骗,尝尽了旧社会作艺的苦。他是在泥潭中摸爬滚打出来的,是从大染缸里控出来的,他是从旧艺人群里走出来的。

奇怪的是,在我和师父接触的近五十年中,丝毫没有发现他有旧艺人的习惯、作风。无论是言谈话语还是待人接物,他在生活中方方面面的表现俨然是一个新兴的文艺工作者,一个温文尔雅的学者。

生活中他不苟言笑,跟徒弟也是彬彬有礼,每次见面他必是把手伸过来跟你握手,问候家人。他的拘谨、他的矜持、他的严肃常使我很紧张,也不敢跟他造次,玩笑更不敢开。

我师父一共十个徒弟,我是跟着他时间最长的一个,可以说我根本就没离开过他。他给我量过活,我也给他量过活,我也给他写活,我们几乎一周见好几次面,这是我们很多师兄弟没有过的经历。我们十个师兄弟除赵伟洲以外,我是跟他说话最随便的一个。伟洲在襁褓中就算他徒弟啦,就像"娃娃亲",所以他跟师父说话口无遮拦,我可是不敢。

有一次我跟师父开了一个大玩笑,也是话儿赶话儿赶出来的,说完我很后悔,师父骂了我一句,我和他五十年他就骂过我这一次,不过是笑着骂的!

我师娘爱养猫,养的还是波斯猫,四只大猫满屋乱窜。波斯猫俩眼不一个色儿,身上长着大长毛,特别漂亮。这四只大猫每只都有二尺半长,能吃能喝能睡。猫得有人侍候,这可是个麻烦事,得买猫砂、猫粮,每天得把它们拉在猫砂里的猫屎清理一遍,换上新猫砂,每天还得喂水、喂食。四只猫足够一个人忙活半天儿的。

师娘养猫和她的爱干净不成正比。我师娘是护士出身,有点小洁癖,她屋里的床是无菌床,分几层,床单、被窝上边是床罩,床罩上面是无菌白布单子,最上边还有一个大厚塑料布盖着,谁都不许坐。师娘搞卫生的墩布有五六个,分得很清楚,哪个是擦客厅地的、哪个是擦厕所的、哪是擦卧室的,都不能错,每个墩布都洗得干干净净。我师父说:"你师娘用的墩布比马志存的毛巾都干净。"我们去了进门必换拖鞋,还得脱袜子,拍打手,再去厕所把手洗过才能进屋。每次去师父家就像进一回手术室。她还不允许我们乱走动,也不能乱摸东西。

她的猫可是进出自由,时而跳到沙发上,时而卧在床上,师娘从来不烦,还经常跟猫对话。我师娘说话北京腔儿,但发音是小女孩的声音,按我师父的话说:"你师娘一辈子没变声!"师娘老对着猫说话:"老咪咪听话,老咪咪不淘。小咪咪饿啦,妈妈给小咪咪弄吃的。"不管它们淘不淘、饿不饿,师娘总这么说,她是太爱猫啦。我师父说:"你师娘要是长上胡子,有点像猫。"我仔细一观察,她还真有点猫的特征。师娘爱猫胜过爱我师父,我师父恨不得把自己变成猫。在师娘的影响下,我师父也对猫产生了感情,他也学着我师娘老咪咪、小咪咪地叫着。猫也真是讨人喜欢。我常去师父家,哄猫如同哄我师娘,我喜欢她的猫,师娘就高兴,日久天长,我也对猫有了感情,也萌生了养猫的想法。

我和师父的大玩笑,也是因猫而起。

有一天,我跟师娘说:"老猫生了小猫给我一只。"一句话把师娘的话题勾起来了。"别提啦,这都几年啦,它都不生!哎哟,它太笨,不会,到二八月,我把它放到母猫的身上它都不会。"我笑着说:"它天天跟我师父在一起怎么连这个都学不会呀!"我师娘大乐。我师父把喝到嘴里的一口茶喷了出来,一边笑一边说:"你小子,混蛋啦!"说完哈哈大笑!我从未看他这么笑过。

跟师父的这个玩笑话已经过去了二十年,那天的情景就像是发生在昨天,记忆犹新。师父走了,师娘走了,猫也没啦!可猫的故事,我至今不忘,每当我看到猫,就会站在那儿看一会儿,看着看着,我和师父师娘那天的事就浮现在眼前,我似乎能听到我师父骂我时的语气,还能听见他那爽朗的笑声!

十七、后来说相声的就都要了饭啦

我师父是 20 世纪 70 年代初被下放到南郊的(津南区),那正是备战备荒"深挖洞广积粮"的时候。按我师父的话说:"我们是被储存起来的干部。"我不知这话是怎么来的,是不是要打仗啦,得存点粮食,也存点儿干部啊!不管什么理由,反正是不让他们在城里住,统统给赶到农村。其实是一种惩罚。

我师父被安置在南郊北闸口生产队,和他一起被安置的还有马三爷(马三立)、旁边的生产队里有歌舞剧院郭振明(电影演员郭振清的弟弟,大家都叫他二老郭)、曲艺团的王允平(唱词作家,天津时调《春来了》就是他的作品)、歌舞剧院的刘玉文(歌唱家,演过《货郎与小姐》),还有一位搞版画的,艺名叫王麦秆。这位王麦秆在版画界赫赫有名,人也很可爱,是个痴迷艺术的人,在他心里除了版画什么都不存在,人情世故都不大用心,生活中也缺乏点儿幽默感,有点不食人间烟火的意思,他把心血都倾注在版画里啦。我有幸在他家土屋里看到过他的泥塑,是一个仰卧的半裸体的女人,形象逼真,给我印象很深的是女人身上的毛发,毛发是用玉米胡子做的,黄中有黑,特别像。艺术家就有艺术家的眼光,他把玉米胡子用在裸体女人身上,你想不到用别的东西会比它更好,这材料选得绝啦,也只有在农村生活的人才能发现这个材料。那个年月他敢做裸体女人说明老先生无所顾忌,心里只有艺术。多亏没被多事的人看到,一旦曝光,会引来滔天大祸的。

他们这批下放干部(那时候南郊的人都这么称呼他们)到了南郊几乎没受什么罪,老百姓对他们甚至很尊敬。他们的生活也比较自由自在。但是虽然有田园生活,可他们心里也不痛快,离开他们的专业,不让他们干自己想干的事,每天只是种地使他们很痛苦。按我师父的话说:"下放南郊,我最大的痛苦就是不让说相声,可我除了说相声什么都不会!"

他们只能苦中作乐来排遣生活,他们大都是研究喜剧的,可在生活里却各自上演着自己的悲剧,熙熙攘攘的闹市早已把他们忘却,五彩缤纷的舞台上不见了他们的身影,他们活得没滋没味儿。

倒是马三爷耐心得很,不言不语、老实巴交。队里知道他不是个干活的人,也不忍心让他干重活。九十多斤的体重,一百斤一袋的化肥他是绝对弄不动,给他派的活儿是磨埂子。埂子就是田里的小道儿,小道上经常长出杂草来,草长高了小路就被封死啦,影响

携夫人贺薇与马三立先生合影

74

人们下地干活。把小草割掉显出路来,这活儿连妇女都不愿意干,人们嫌它太磨叽,蹲在埂子上咔吃咔吃地割小草,有劲都使不上。所以每次一派活儿,马三爷就是磨埂子。田里的小道很多,他磨了半个月啦,埂子很长,从这头磨到那头儿就得半天儿。马三爷干得仔细,埂子上一根草都不剩,跟使活(说相声)一样干净、讲究。大概有半天儿的时间,他到了埂子的尽头,那边就是临近生产队的菜园子,红的西红柿、绿的黄瓜、橙黄的大倭瓜、碧绿的韭菜,甚是好看。看园子的是歌舞剧院的郭振明,马老头坐在埂子上柳儿(唱)起了货声:"吃来吧,闹块尝啊!"这声音好似联络信号,郭振明扒开黄瓜架露出笑脸儿:"三爷,来了。"二郭胸前兜了一堆熟透了的西红柿,他把西红柿翻倒在三爷跟前,马三爷从腰里掏出一个小纸包儿,那是他早已准备好的白糖。二郭从兜里掏出"蚌白"(蚌埠白酒):"三爷,您喝一口。""不喝,我就是白糖蘸西红柿。"二郭从黄瓜架上扯下一棵黄瓜,从脚下拔出一头蒜,一口酒,一口黄瓜,一口蒜。三爷掰开西红柿蘸着白糖,这二位连吃带喝,自得其乐。这是好些年以后马三爷跟我说的:"那些日子我很幸福,那纯天然的西红柿、黄瓜吃得我——面黄肌瘦的!"

我师父和马三爷住着前后院儿,我师父住后院儿,马三爷住前院儿。院儿旁边有一条小河。

可我很少见着三爷,一来是碰不上,二来是我师父不领我去拜访。因为那时候关于马三爷的传说很多,什么右派,什么三名三高,什么文艺黑线人物。我师父可能是怕我和马三爷接触会影响我。我师父是老"运动员",经得"运动"太多,思想有点左。

天赐良缘,我还是跟马三爷见着了。

有一年夏天,我和师父回家,回我师父的家必须经过马三爷的前院儿，走到马三爷的院儿中，正好撞见他在院子里支桌子，铁管木板的桌子很沉，三爷支着很吃力。我跑过去帮他支好，他看了我一眼，看得很仔细，问："你是，苏文茂的徒弟？"他认出了我，我那时候在南郊有点蔓儿（别挨骂啦，同着马三爷还提蔓儿，有个茄子蔓儿呀！）。我师父走上前说："是学生。""好，好，不错。文茂，一会儿过来喝啤酒，二郭和王麦秆一会儿来，你陪陪他们。"三爷回过头来又跟我说，"你也来。"我高兴地答应啦！

糖拌西红柿是三爷爱吃的，还有拍黄瓜、煮花生米，最上眼的是一大盘酱牛肉。那年月，酱牛肉很难见着，人们一见牛肉，筷子便飞舞起来，你来我往，速度很快，三爷乐啦："都缺肉啊！"二郭大口喝酒，王麦秆小口吃菜，我师父细嚼慢咽，我是狼吞虎咽，三爷慢条斯理。那时候喝的都是散啤酒，四暖瓶凉啤酒都是志良（三爷的儿子）刚从商店里打回来的。一瓶蚌白，是那阵畅销的大众酒。

大家都喝凉啤酒，只有二郭喝蚌白。三爷说："酒过两巡，菜过四味。"他诚心把酒过三巡菜过五味，说成两巡四味。王麦秆抢着说："是酒过三巡，菜过五味！"三爷说："你不识数儿！哪有这么多菜呀？"大伙乐啦。王麦秆愕然。三爷来了情绪，"我给你们说个笑话啊。"

有一个人挨批斗，眼睛直勾勾地看着批斗他的人发言。那人看到他的眼神就大声训斥："你好好听着，别老看着我的嘴。你说，你还有什么问题没交代？"挨批的人还是看着他的嘴。他急啦："你老看我嘴干嘛，交代你的问题！你想说什么？""你，你，牙缝里，有根韭菜！"

　　三爷说完大伙儿哈哈大笑，只有王麦秆愣愣地坐在那没笑，大伙儿一看王麦秆更乐啦。王麦秆放下筷子很认真地说："三爷，后来怎么样啦？"马三爷机敏地回答："后来呀，后来说相声的就都要了饭啦！"

十八、"我要不顶瓜我早去啦"

20世纪40年代演员大都是通过舞台、电台和观众沟通,听我师父说天津相声演员上电台直播最多的是我师爷小蘑菇常宝堃和赵佩茹先生。小蘑菇当时红遍大江南北,红得发紫,赵佩茹则被称为"通天教主"。这两位黄金搭档刚搭伙就火遍津城,他们互为捧逗,相得益彰。

在先是常老祖(常连安)给小蘑菇量活。小蘑菇小的时候机灵帅气、反应灵敏、机敏过人,是个智商极高的人。随着他渐渐长大了,有些伦理的活使着就不合适啦。因为大家都知道,常连安和小蘑菇是亲爷俩儿,有些伦理哏再使就有些不雅,也不可信啦。于是才有了常、赵合作。

听我师父说,小蘑菇上电台说相声、报广告,广告是在活里,不伤及相声的本来面目,又巧妙地把广告加进去,玩的就是机智、现挂。有些听众是专门爱听小蘑菇报广告,相声里加了广告能更让人爱听,那得多大能耐!想想现在的电视广告,除了让人心烦,减少收视率,几乎达不到广告的效果,只是毫无美感地重复多遍。

那时候的买卖家宁肯多花钱也请小蘑菇报广告。小蘑菇的广告费最高。我师父说过,当时小蘑菇报一条广告比如说八块钱,侯宝林报一条也就是两块钱。电台播广告也不是每天都有,常规的相声小蘑菇也去直播。

有一回,小蘑菇跟我师父说:"文茂,我今天有点事,你跟你赵大爷去电台吧。"我师父兴致勃勃来到电台，一看水牌子上写着《地理图》，师父有点紧张。我师父小时候贯口特别好，他吐字清晰，声音也极具魅力。什么《三节会》(开粥厂)、《八扇屏》，《八扇屏》他会八扇，《报菜名》他会报回民菜。可我师父一见《地理图》就顶瓜(紧张)，《地理图》的贯口他一背就鬼打墙。我师父把情况跟赵佩茹赵先生说了，赵先生说："没关系，有我啦，你什么时候鬼打墙，我告诉你。"我师父还是很忐忑。直播啦，前面说得都挺好，到背贯口啦，我师父汗下来啦。人越是紧张越容易出事。赵先生那是大量活的，什么活都会，我师父一含糊他就来一句："这您可就到了'河内'啦！"我师父就接着往下背，总算是说了下来啦。

离开演播现场，我师父如释重负。

没过几天小蘑菇又叫我师父："文茂，我今天有个应酬，你替我跟你赵大爷去趟电台。"去电台说相声，对空直播，是件好事，一般的还上不了电台呢。我师父跟着赵佩茹先生到了电台，进门一看水牌子上写《地理图》，我师父当时就像是挨了一闷棍，就忤头使《地理图》，偏偏又是《地理图》，又不能改节目，只好又硬着头皮又使。好在有赵先生，还算圆满。

又过了一段时间，小蘑菇再次叫我师父："文茂，今天你跟着赵大爷上电台。"我师父犹豫了一下说："要是还去使《地理图》我就不去啦。我一见《地理图》就顶瓜。"小蘑菇一听哈哈大笑："我要是不顶瓜，我早去啦！"

十九、"他还真听明白啦"

改革开放初期我们和师父在同一个承包队。那时候，天津市曲艺团的演出政策是说唱并茂，不准搞相声专场，于是我们承包队就有了鼓曲、大擂拉戏，相声只有两场。师父和马志存顶底（大轴），我和杨少华一场，其他是姚雪芬的乐亭大鼓、小六郝秀杰的西河大鼓、陆椅琴的京韵大鼓、宋东安的大擂拉戏等。

巡回演出到了山西某处，那里的人几乎没听过相声，大擂拉戏倒是很受欢迎，因为它的弦子能学说话，老乡们很是惊奇，宋东安老师又能唱几口。每当唱起"卖汤圆，卖汤圆，小二哥的汤圆是圆又圆"的时候，台下的观众击掌合奏，气氛热烈、火爆。后面是师父的《汾河湾》接场，《汾河湾》这段相声是以第一人称出演，是带着人物上场，讽刺一个不会装会、不懂装懂又强词夺理的人。大概是观众没弄明白这是讽刺一个糊弄局儿的人，就看我师父老是忘词，甚至连四句唱词的三句四句都弄不明白，观众很不买账，效果自然不好。我站在侧幕条那儿为师父捏着一把汗，我是捏一把汗，师父是通身的大汗。勉强返场，使的《答非所问》，观众更糊涂啦，为什么让胖子马志存天上一脚地下一句，说话不挨着就算对呢？碰到这样的观众，你有理没处说去。演出效果极差，我知道师父心里别扭，不痛快。散了演出，我出去买了酒菜拿到宿舍，叫上马志存师叔陪老头儿喝酒，算是给师父压压惊。我倒上酒一口还没喝呢，队长陈鹤鸣把我叫走了，承包队我、陈鹤鸣、张子修是队委。鹤鸣说，前台经理找来了,对苏文茂、马志存的相声有意见。我们一起去见了经理,经理滔滔不绝地说了一大堆,我无言以对。应酬走了经理回到宿舍,师父问我:"怎么回事?""前台经理给提意见来了。""什么意见?""我说,但您可千万别生气。""我不生气,你实话实说。"我壮了壮胆子说:"经理说,那个苏文茂就别让他演啦。老头儿上了岁数啦,他让那个胖子教给他,在台上第三句第四句他都分不清啦。"师父一听哈哈大乐:"他倒是听明白啦!"师父并没生气。第二天师父换了活,使的《灯谜》,那叫一个响,返场的时候师父冲着观众一拱手:"谢谢,谢谢您的掌声,今天我也说回反正话。"马叔笑着问:"什么叫你也说回反正话呀?"师父看了一眼马志存笑着说:"我说这个臊得慌。"《反正话》更响啦,马志存在台上眉飞色舞起来。从台上下来,师父笑着说:"行,今儿个你马叔得意啦,您瞧,《反正话》还带着身段呢!"师父一边叠着大褂一边跟我说:"小子,把点开活(什么样的观众演什么样的节目)多重要,记住我的教训!"

　　前台经理来了,手里提着两瓶酒,进门就道辛苦:"苏老辛苦啦,还得说是老艺术家,表演得太好啦,这么大岁数不容易呀!今天最大的特点就是,一句词都没忘!"

二十、"我给他打饭啦"

马志存自从跟师父合作以后就火啦!蔓儿大啦,脾气长啦,架子也端起来啦,对着我们像个教师爷,大嘴一撇,信口开河!对我师父也是口无遮拦,从他对我师父称呼的变化就能看出他的心理。刚开始合作的时候管我师父叫"师哥",后来叫"大哥",再后来叫"文茂"。最后,他见着我师父一拍我师父的肩膀:"哎,我跟你说个事。"改了"哎"啦!

我师父使活很讲究,一般的活他不使,他擅长文哏,他使的活都有文化味儿,什么《批三国》《论捧逗》《五行诗》都是以说为主。从剧场效果看不是特别响,但往往给观众的印象非常深,特别令人回味。志存先生恨场,恨不得一段相声乐死几个才好。可我师父偏不使那种活,他有他的追求,他要保持他的风格,要的是一种书卷气。可志存不理解,总跟我师父争论,我师父说不过他就不言语了。

我师父是一个最能忍耐的人,对马志存的观点从来不评论,也没有不乐意的表现。我看在眼里记在心上,师父是哑巴吃黄连心里有数。

有一次我们巡回演出,从天津一直演到广西。当时团里把大家的伙食费买成当地食堂的饭票,大家可以在演出地的就近食堂用餐。我师父每顿饭都得喝两口,他不愿意去食堂就餐,他说在食堂天天喝酒影响不好。马志存又是个酒鬼,每顿饭都得喝,而且是啤加白,一杯啤酒里加上三两白酒他喝着才有味儿。因此,每次吃饭的时候我都早去,抓紧吃饭,吃完再给师父和志存叔打上饭,送到宿舍。每次吃饭前我先到他们屋里问好他们吃什么,好按他们吩咐买饭菜。"师父您吃什么?""一个素菜,有花生米来点儿,二两米饭。""马叔您吃什么?"马志存撇着大嘴说:"两个肉菜仨馒头。"就这个吃法,他的糖尿病就是这么得的。从天津到广西演出好几个月,我一直就这么伺候他们俩。在广西南宁,师父和志存叔住五楼,中午的时候我去问他们吃什么,师父说:"我们住的楼层太高,你来回好几趟又没有电梯,不方便,干脆咱们一块下去吃吧。"师父说完换了上便鞋,拿着饭盒就要走。志存叔可没动窝儿,他盘着腿坐在床上懒洋洋地说:"文茂,你给我打两个肉菜仨馒头,两瓶啤酒。"师父"嗯"了一声笑着跟我说:"瞧见了嘛,徒弟,我改给他打饭的啦!"我说:"今天没馒头,就是干饭,您吃几碗干饭?"我是话中有话。师父听了笑出声来说:"志存还真不知道吃几碗干饭!"

二十一、"你这双鞋是礼服呢的吗"

我师父和杨少华都是牌迷，见面就打牌。

不光打牌，有时候也打架。记得有一次在天津塘沽碱厂俱乐部，杨爷跟我师父打起来了。那回，杨爷跟我师父在宿舍打牌，我在一边侍候着。杨少华有手彩儿，会变魔术，打牌的时候老是捣鬼。这回让我师父给逮着啦，杨不承认，俩人就矫情起来啦，越说调门越高，越说越不像话。我师父突然大骂一声："杨少华，我，我，我×你瘸哥哥！"杨爷也不含糊"苏文茂，我×你瘸舅舅。"这两位打起来我是谁也不敢说，只好自言自语："怎么这么寸，您就有个瘸哥哥，您就有个瘸舅舅。"俩人一听都乐啦。我师父冲我大喊一声："你，滚！"我只好抱头鼠窜啦。俩人吵完、骂完，又接着打上啦！瘾头真大！

我师父说："一天不打牌手就痒痒，一周不打牌，我能从嘴里往外爬虫子。这世界上只要还有俩人活着我就能跟他们打牌，一个人不行，一个人没法打。我打牌是只搏不赌，输赢我倒是不在乎，只要是能博弈就行。当然，我也不大赌。打牌有心理学、有机遇、有运气。踢球是七分能耐三分运气，打牌是三分能耐七分运气！"您瞧，我师父还有他的打牌理论。

北京郊区演出缺一场，我跟杨少华赶去救场，那时候杨少华给我量活。我记得演员都住在偌大的一间屋里，屋里一个铺接一个铺。我和杨少华赶去的时候正是中午，一进门儿，杨少华就奔我师父那儿去啦。我师父坐在铺上笑脸相迎："来啦，少华，我发牌啦。"

进门没有一分钟,他们俩打上帕斯啦!我忙着去安排床,我把我的床和杨少华的床安排好,回来给我师父打了一壶水,给二位沏上茶。我是一通忙活,二位全然不知,注意力全在牌上啦。就见我师父洗着牌问杨爷:"你还有钱吗?"少华脸上有点僵,少华说:"咱们来该着的。""不行,俩人打牌,欠着还行啊!""我就带了五十块钱,你都赢去啦。"敢情杨少华把带来的五十块钱都输啦。我师父笑着说:"那就甭来了。"那时候,杨爷一个月挣六十二块钱,输了五十块钱,在当时的五十块钱可不少啦!杨爷央求我师父:"文茂,你先借给我二十块钱,玩完了咱俩再算。"我师父把扑克牌往铺上一扔说:"没有这种事,俩人打牌,你借我的钱跟我打牌,这就是滚赌,不行。"

就在这时候,前台经理来了,为了感谢曲艺团来演出,他们给每个演员送两包大枣儿。大伙儿很高兴地分着枣儿。杨爷抱着两包大枣又坐在我师父的铺上,我师父灵机一动说:"少华,咱来枣的嘛?""行,这枣十块钱一包,你先给我二十块钱,枣儿归你。""什么就二十块钱,这两包枣儿顶多三块钱。""那你给十块钱。""行,十块钱归你,枣儿归我。反正这钱也是赢你的。"我师父给了少华十块钱,把两包枣儿放在被窝上。杨爷大喊一声:"发牌!"二位又赌上啦!我去了趟厕所,厕所离住处特别远,来回两站地,我解完手是跑着回来的,想看看他们谁胜谁负。我刚一进门,我师父冲我喊道:"来,徒弟,吃枣儿。"甭问,杨爷把两包大枣钱也输啦。杨少华灰头土脸地坐在我师父的铺上,无计可施。我师父看了看杨爷突然一指杨少华的脚说:"少华,你这双鞋是礼服呢的吗?"

二十二、"你也别太大意喽"

我师父师娘的三节两寿我们很少聚齐，师父也不要求我们给他做寿，可是每年的正月初一我们必到师父家拜年，那是我们大聚会的日子。初一一大早，师父就把酒菜预备齐全等着我们来。差不多十点多钟我们就聚齐啦，北京的金泉、德全也赶来，远地方的吉马、郭鑫、二爷武福星也是初一那天来电话拜年，跟师兄师弟们沟通，送上祝福！

每年的初一师父、师娘特别高兴，大家吃着喝着，给师父拜年，给师娘拜年，大家相互问候，说笑话、乱砸挂，天南海北，一通白话。

有一年话题说到家属，我师父说："过去相声界的家属差不多都是门里人，互相都熟，很是亲近。现在不行啦，家属干什么的都有，哪的人都有，一年才见一次面，显着生疏。以后你们也要多沟通，相互有个照应。来，咱们为曲属们干一杯。"伟洲说话啦："当相声演员的家属，她得让我们放心。俊杰，娶个小媳妇，又年轻，又漂亮，出门儿能放心吗？"他说得我媳妇一个大红脸。大伙直乐，伟洲喝了一杯酒接着说："你们看我，走多少日子，走多远，我都放心。"不知谁插了一句话："你能走多远？""多远？铁道修多远，我就走多远！"对呀，他铁路文工团的嘛。"不是跟你们吹，我出门，把你嫂子放在家里一百个放心，一千个放心。"师父笑着插了一句话："你也别太大意啦！"

二十三、"刘宝瑞教我抽大烟"

20世纪40年代末,我师父和高元钧、刘宝瑞在香港走穴。他们给海员演出,住在码头附近的一座小楼里,小楼分两层,一楼是房东,二楼出租。房间虽然面积不大,三个人三个铺也还算宽敞。爷儿仨在那儿已经演了半年啦,就因为刘宝瑞带着师父去大烟馆,高元钧和刘宝瑞打了一架。高元钧大骂刘宝瑞,还差点动了手。他们裂了穴,高元钧带着我师父投奔骆玉笙,刘宝瑞自己留在了小楼里,给海员们说单口。

我师父跟我提起此事的时候非常感慨,他说:"当初如果不是高元钧领着我离开了刘宝瑞,我有可能就染上大烟瘾啦!"

本来在香港的演出收入很可观。第一不愁上座,到点儿人就坐满了。海员一般都是晚上到港,住在码头。码头上有个休息室,也卖咖啡、小吃,海员们都在那里休息。我师父和刘宝瑞、高元钧就在那演出。每天都是满座,只有周五没船靠岸时空闲。第二,可以有固定的住所,不用每天找住处。周五没人时他们休息,所以每到周五刘宝瑞就叫我师父跟他出去:"文茂,走,跟叔逛逛去。"高元钧不去,老是在屋里睡觉。刘宝瑞那个时候抽大烟,香港那时有烟馆,他带我师父去烟馆不是叫我师父抽大烟,是让我师父给他烧烟炮。我师父小时候在九春堂药铺学徒的时候,九春堂的掌柜的抽大烟,我师父得伺候着,时间长了就学会了烧烟炮。

刘宝瑞先生在烟馆里一躺,我师父在一旁烧烟炮。宝瑞先生很

87

是得意，他抽美了，领着我师父找个饭馆一吃一喝，绝不让我师父花钱。我师父当时特别愿意跟他出去，一是可以看看香港的景色，二来可以跟着师叔下馆子解解馋，再者，还可以显示自己烧烟炮的本领。

有时候刘宝瑞抽着大烟跟我师父说："爷们儿，来口尝尝，好着呢！""不成，我可不抽。"可也架不住老让啊，我师父心想，尝尝就尝尝。宝瑞先生抽的时候我师父就尝一口，时间长了，尝得就多了，每次他都尝一口，又不花钱，抽着还挺舒服。

有一回抽完回家，刘宝瑞在前面上楼，我师父后边跟着，上了几节楼梯，我师父感觉吃力，就问刘宝瑞："刘叔，我上楼怎么使不上劲啊！"刘宝瑞乐啦，一回头冲着我师父大声说："嗯，这就快自个儿花钱抽啦！"

二十四、同花顺

同花顺是打帕斯里的术语,五张帕斯,如果八到尅(八点到十二点)都是黑桃或都是红桃,那叫同花顺。同花顺很难抓到,抓到了十有八九赢钱。

我师父是牌迷,不打牌就吃不好睡不香。有一次去上海演出,同行的人没有会打牌的,我师父想打牌凑不上人,可把他急坏啦。巧了,他们住的宾馆里有人打帕斯,可人家白天不打晚上打。但晚上我师父得演出啊,他只能演出完往回赶。本来他演出的场次是第四场,他老人家从第四场换到第三场,又换到第二场。而且,下了场后台就找不找着他啦,他回宾馆打帕斯去了。

当时领队的是骆玉笙的老伴儿赵魁英。赵魁英可是个老江湖,他给老八路做地工的时候就在天津,而且经常出入杂耍园子。艺人的毛病、爱好,曲艺界的门户关系,什么调侃儿(行话)、合人(想办法让人上当)、惺兴门子(假招子)他都知道。

当时赵魁英是天津市曲艺团的书记,由他带队到上海。我师父那几天的行踪他是看在眼里,记在心中。有一天我师父下场走了,他便尾随到宾馆,我师父打牌的事儿他侦查得一清二楚。

赵魁英是好人。在外地打牌,人生地不熟,他怕我师父让人家给合(下套)喽,第二,他是书记,职工打牌他当然得管。不管,他失职啊!

我师父在屋里正打得热火朝天,书记一推门进来了,我师父当时吓了一跳,桌上都是钱,打牌让书记抓着,这祸惹大啦!我师父刚要说话,书记一摆手,凑到我师父跟前看了看牌,说了声:"我看看底。"我师父那天抓的是通天大顺,十到幺,一色的红桃,这牌赢定啦!就见书记看了看底,扭头走出了房门。我师父懵啦,书记这是什么意思?他想干什么?一句话没说就走啦。我师父心里慌啦,忙跟几位打牌的说:"你们,别跟啦,我是同花顺,你们谁都赢不了我。"说着把底牌亮了出来,那三位一看全傻。师父一边收着钱一边说:"刚才进来的是我们曲艺团的书记,今儿我是在劫难逃,这把咱不算啦,你们押的钱都退回去,我不能玩儿啦。"几位打牌的还挺义气,说:"不成,这钱是您赢的,您拿走。我们也散啦。"我师父收起钱,从里边拿出二百:"这钱哥儿几个去吃个夜宵。"

我师父忐忑不安地来到了书记的屋里。赵魁英看了我师父一眼,笑着说:"'置'(赢)下来啦?""置什么置?您一去我就慌啦,让他们不要跟,把底给他们看了。""你太笨啦,我看完你的底牌就走,是为让他们跟(加钱)。""您是书记,不能允许打牌啊?""是啊,你先置下来,回头再到我这儿写检查呀!"

二十五、醉酒直播间

我师父爱喝酒，有时早晨就来二两。他说："早晨喝酒最香，你别看晚上喝完酒吃不下东西，早晨喝完酒能增加食欲。"一个人一个生活习惯，也许他适应早晨喝酒。

有一次他住在我家，早晨我媳妇给他准备好了早餐，有小烧饼、馄饨、小咸菜、油条、炝黄瓜。师父坐在桌前问我媳妇："酒呢？"我媳妇说："您早晨就喝酒？""喝了半辈子了，你不服？""我服。您早晨就喝酒，这一天得几顿酒呀？""早中晚三顿。""那您就是每顿饭都喝？""你说错啦，晚上有演出，不喝，不能带酒上台，这是规矩。带酒上台，出了错人家就会认为是喝酒喝的。就跟酒驾一样，只要喝了酒你就是全责！我年轻的时候因为喝酒耽误过事儿，那次的教训我终身不忘。"

20 世纪 40 年代末，我师父经常上电台直播。有一次他和赵佩茹先生很早就到了电台，电台要报酒的广告，厂家送了一坛子酒让大伙尝尝。大伙你来一口，我来一口，尝酒，也没什么菜，就一盘儿肉片炒辣子。我师父去的时候就剩点红辣子了，肉片全没了。我师父就着红辣椒喝上啦。师父那阵儿也年轻，逞能，二两酒一扬脖就下去啦，吃点红辣子，又一扬脖儿，又是二两。辣子让他吃光了，他也喝得五迷三道啦。

直播的时间到了，赵先生说："你没事吧？""没事儿，这点酒跟没喝一样。"您记住喽，喝酒的人一说大话，十有八九是高啦。二位摆好了话筒,赵先生一拍醒木,这就开始了。我师父调门挺高:"学徒苏文茂上台鞠躬——"说完这句,没话啦。赵先生一看我师父,他趴在桌子上啦。赵先生接过去说:"学徒苏文茂鞠完躬就睡着啦!"他说的是实话,可听广播的不知怎么回事,还以为是包袱呢。赵先生使了一段单活,单口啊,一边说还一边跟我师父交流:"您看,我一说,文茂就点头,这是认可啦!"听众听着很自然。播音室的人受不了,文茂哪点头了,他都快打呼噜啦。这场直播可算完了,就见桌上地下一片红,播音室的人都吓坏啦,"文茂吐血啦"!赵先生多机灵:"没事儿,文茂吐的是红辣椒!"

二十六、我给师父量《汾河湾》

改革开放后曲艺团的土政策来了，组建承包队，单位不发工资，可文化局拨款并没停，到现在我也不明白，文化局播给我们的工资都干什么啦。工资是没啦，业务演出还得听团里的，于是又一个土政策来了，"说唱并茂"，那一个阶段是相声大会最火的时候，团里不让搞相声大会，组建承包队必须有鼓曲。要平衡发展，这叫作"说唱并茂"。曲艺团的蔓儿们不干，于是又有了"单挡"承包。所谓的"单挡承包"就是名演员跟承包队承包，什么意思呢？承包队里没有角儿票房上座率不行，所以角儿跟承包队承包，按比例分成，这叫单挡。我师父和马志存跟我们三七开，演出的收入苏马提百分之三十，剩下的七成是承包队的。当然，苏马的住宿、交通费也得自己承担。

鼓曲在外地吃点亏，外地的观众不爱听鼓曲。我们承包队可不是，选的曲种和演员特别受欢迎。我记得有姚雪芬的乐亭大鼓、小六（郝秀杰）的西河大鼓、宋东安的大擂拉戏，这三场，场上特别火。还有相声两场，我跟杨少华一场，我师父和马志存一场，杨少华在前面还得使一个单口儿，我们的节目场场满座，业务火爆得很。

每天一开场，最忙的是杨少华，您想，一共七个节目，杨爷第二场上一个单口，倒三，也就是第五个节目再和我使对口儿。使单口儿的时候他穿大褂，跟我使对口的时候他穿西装。就见杨爷老是在换服装。

记得是在山西长治市，我们一天演七场，连续演七天。每天杨少华得穿脱十四回服装，后台老听见队长在喊："少华，换大褂。""杨爷，接场。""少华，换西装。"您想，七场演出，就跟电影片子一样来回倒，谁受得了。杨少华没有怨言，因为是承包，多上一场多挣一份钱。

马志存平时牛哄哄，说话老嘲讽人。他看着满身是汗的杨少华说："少华，你就是这么玩命也没我们单挡挣得多。"杨爷嘴也不饶人："你傍上苏文茂就以为自己也是角儿啦！你除了蒸包子比我强，哪儿都不如我。"马志存说相声之前开过包子铺，他不愿意大伙儿提起这段儿，听杨少华一提这段儿，他晃着脑袋走啦。马志存的一句话提醒了杨少华，杨爷把我拉到一边说："俊杰，我要是不演喽，是不是就演不了啦？""当然演不了啦，您想，七场节目您占两场，您不演就剩五场节目，怎么开锣呀。""我给他个愣蹲。""您愣蹲可不

参加中央电视台"朋友"栏目，与师父合作《汾河湾》

94

行,那算破坏演出,再说,您可签过合同,得按合同办事,要不您得包赔损失。""对,对,爷们儿,我病啦,对! 我病啦! "

承包队的队长陈鹤鸣急死啦,少华病啦,现调演员来不及呀。"这不要命嘛! "我知道杨少华的心思,我得给杨爷量着(给他圆场):"鹤鸣,您给杨爷做做工作,看能不能坚持,要不给他点营养费看行吧? "我一句话点醒了陈鹤鸣。鹤鸣似乎明白啦。他拉着我和张子修去跟杨少华谈话,我和子修老师是队委,我又是会计,所以必须一块儿和杨爷谈话。杨爷躺在后台的床铺上眼睛半睁半闭,他早有准备,本来他说话就跟折了秧儿一样,现在更是有气无力啦。鹤鸣看了看少华又看了看我和子修说:"杨爷,怎么样,还能坚持嘛? "杨爷把眼睁开了:"我就是浑身没劲儿,这几天吃不好喝不好,我吃得本来就少,营养再不够,又休息不好,我这岁数就得愣撑着! "杨爷好买卖道,没说能演也没说不能演,直说吃不好,营养差,明摆着是要营养费,说白了,就是要钱。陈鹤鸣悬心里悬着的一块石头落地啦,只要他能演,队里出点钱算不了什么。"杨爷,您想吃什么我找人给您买去。""别麻烦大伙儿,你批点钱,我自己买去。""我们商量商量,给您点补助。""你们也别为难,一场给我补五块钱就行。"

那阵我一个月才挣四十二块五毛钱,一场补五块,他每场上两回就弄十块钱。这几句话把鹤鸣将在那儿啦,要说还是得队长能跟杨爷周旋,鹤鸣乐啦:"您看这样行不行,长治咱们已经演了三天啦,收入不错,再有四天长治结喽,看收入再研究您的补助,怎么样? "杨爷步步紧逼:"你呀,还是研究研究怎么调人吧。"子修聪明,早明白少华的意思,他拦住鹤鸣说:"鹤鸣,我看咱先给杨爷补三天的,剩下的回头再说。"杨爷不让谈话再继续,紧接着说:"三天,一天七场,我一场上两回,我是十四场,一场补五块,四五二十,一五得五,七十,三天您给二百一十块钱。"当时我就笑喷啦:"杨爷,您账头儿真快。""我早算好啦。"

由打那天开始,杨爷每天比我们多七十块钱。杨爷心满意足,我师父看着杨少华得意的样子拿他开涮:"少华,你这不是演出,你这是推磨。""我比驴都累。""你不是驴,你是鬼,有钱能使鬼推磨。"

杨少华拿钱把病治好啦,马志存也病啦,杨爷是假病,马志存可是真病啦。一天七场本来人就很累,马志存又肾亏,加上他每天三遍酒,还得啤加白,一杯啤酒加上三两白酒,一顿就是两瓶啤酒六两白酒。马志存嗓子哑了,他嗓子哑和别人不一样,别人是声音嘶哑,他老人家是一字不出,跟哑巴没什么区别。

队长陈鹤鸣可着了大急啦。我师父这场是底,马志存这一病全场晚会没有底啦。我师父劝鹤鸣:"不用着急,耽误不了事儿。"

马志存一病杨少华是幸灾乐祸,出来进去哼哼小曲,心里打着鬼算盘。承包队里只有杨少华给我师父量活合适,论资历、论岁数,别无他人。杨爷心想:"我头里使俩,一场多加五块,后边儿给文茂量一个,他们是单档,收入不菲。这回我老杨算是捞上啦。"

我师父不动声色,也不开口,陈鹤鸣急得满头大汗:"苏老师,晚上怎么办?""晚上让俊杰给我量。""行吗?""准行。"

马志存、杨少华二位憋着晚上看我的笑话。我师父心里有根,那年月在南郊的时候我给我师父量过活。那天,我和师父使的是《汾河湾》。《汾河湾》是我师父一字一句给我过的,跟他在台上使的不差分毫。

我倒三使了一个,接场的是宋东安大擂拉戏,大擂下场我又上啦,跟我师父上场啦。我一看侧幕条那儿坐着马志存、杨少华。马志存端着个大茶缸,俩眼瞪得跟包子一样。杨少华诡秘地眯着眼。

当晚演出圆满成功。鹤鸣拉着我的手说:"我捏着一把汗,你还真行,比马老师演得不次。"子修说:"他有柳儿(唱)。"我再一看侧幕条那儿,那二位早已不知去向。

我替了马志存一周。我们是一周一结账,我师父分全部收入的百分之三十,分了钱,师父让我去买了酒和菜。晚上,我、我师父、马志存、杨少华坐在一起喝酒。酒过三巡,我师父说话啦:"俊杰,帮了七天的忙咱爷俩也得分分杵头儿(钱)。"那二位眼睛一亮,听我师父要说什么。我师父不慌不忙地喝了一杯酒说:"俊杰,我跟你马叔是四六分成,咱爷俩也来个四六分。"我站了起来说:"我不要。"我师父说:"交情是交情,买卖是买卖,师徒之间也得有账头儿,就这么着啦!喝酒!"师父把九百多块钱给了我。九百块,差不多是我一年的工资呀!杨少华叫了一声:"这师父哪儿找去。俊杰,快给你师父敬酒。"志存先生一直沉默不语,好半天憋出一句话,声音齁难听:"俊杰,量得真不错。"我说:"这不是跟您学的吗。"

那天的酒喝到夜里十二点。快收摊啦,我举起了酒杯,我说:"师父、杨爷、马叔,这七天的演出我顶着雷,生怕演不好给师父丢脸,给马叔丢脸。你们也很关注,谢谢你们的关爱。"我说着话拿起了桌上的九百多块钱:"这七场演出我是给马叔帮忙,这九百块是马叔的。"我把钱塞给了马志存,马志存脸红啦,杨少华眼红啦,我师父眼直啦。我师父沉默了半晌,说:"既然俊杰这么说了,志存你就拿着吧。"我师父不知我有此一举,预先我也没跟我师父沟通。

后来师父跟我说这是厚道事儿,做得好,这也是我们行业的传统。志存叔身体不好,就算是给马叔赞助啦!这件事我师父夸了我好长时间,说我给他增光,有买卖道,讲义气!

二十七、现挂　模特　魔术

　　我经常和师父探讨相声的现挂和垫话，他跟我说了很多演出的例子，道出了相声垫话和现挂的内涵。

　　有一次，马三爷（马三立）在天津第二文化馆演出，刚使完正活要返场，停电啦。三爷在观众"三爷留神，慢慢走"的呼声中摸着黑儿往台下走，正好走到面光灯下，来电啦。站在面光灯下的三爷特别显眼，观众的眼神也都集中在了他身上，马三爷来了个现挂："哎，你们看，灯下观美人！"说着还使了个身段。台下掌声、笑声一片。紧接着三爷走到台前说："美人儿不是我这样儿，专有形容美人的词儿，柳叶眉、杏核眼、樱桃小口一点点，不笑不说话一笑俩酒窝儿。"您瞧，他老人家入了《美人赞》啦！先前的现挂和后来的入活天衣无缝，如此巧妙地入活信手拈来，真乃大师啊！

　　相声演员台上的现挂是技能技巧的表现；是长期训练的结果；是生活的积累；是文化、知识的积累。现挂摆得恰如其分，能够既不伤及其他，又有包袱，是在舞台上长期磨练的结果。

　　相声演员反应机敏、语言流畅，表达生动准确，能够以最简单的语言描绘最复杂的事物是相声演员应具备的最基本的技巧。

　　相声中的垫话是金子，好的垫话给整个作品的展开做了良好的铺垫。三言两语之间拉近了和观众的距离，演员方能如鱼得水。

　　现挂，更是千金难买，一个现挂包袱的"炸响"会取得观众对演员的极度信任。我师父曾经说过，观众对演员信任与否是决定演员成败的基本点。

　　有一段时间，女模特走秀的节目遍地开花，无论大小晚会都有模特走秀。这种节目其实就是为了迎合观众的趣味，观者不为看服装，不为看什么今秋、明春的服装流行色，就是为了满足自己的好奇心。模特吸人眼球，一个个大姑娘大长胳膊、大长腿、大长脖子，一字走来，有些观众往肉里看，模特穿的是紧、透、露，谁家姑娘让你这么看？看模特就可以。有的人看模特是秋蚊子——死盯。看着模特会让一些人产生丰富的联想。恨不得看完领俩回去，这不猴拿虱子——瞎掰嘛。我跟模特们一起出演这么多场也没领回一个去。一起演出，我反而恨不得把她们都轰走。为什么，因为她们搅局儿，谁接她们谁难受。

　　晚会是综合性的，一个节目接一个节目。相声要是接模特，相声演员算是土地爷掏耳朵——崴泥啦！模特走秀刚结束，人们的心

录制"中国传统相声集锦"的合影

99

气、眼神都还在模特身上,她们一路香风飘走啦,把观众的魂儿也牵走啦,紧接着上来俩秃小子说相声,观众根本不看你,他们的眼神都跟着模特醉到后台了,你就是说得天花乱坠他们也不乐呀。他们甚至恨你上来,恨你搅了他们的美梦。

怎么办?这就要看相声演员怎么使垫话,怎么现挂了。怎么样以最快的速度让观众从之前的意念中跳脱出来呢?只有顺着他们的心思入活(说开场白),说他们感兴趣的。他们对什么感兴趣?大长腿。对,咱就说大长腿。

有一回演出由我接模特走秀后面,我师父嘱咐我:"模特后面可不好接,谁接谁泥(效果不好),你可以多使几个垫话。"我接场了,师父很不放心地在后台把着,生怕我一泥到底(从头到尾观众不乐)。

那天我是这么开场的。

模特表演我太爱看了,你瞧多可爱的模特,她们一个比一个漂亮,一个比一个个儿高,一个比一个腿长。您是越看越爱看。不过,模特不能多看,看长了,家里的媳妇就要不得啦。当一个服装模特可不简单,个头儿得够标准,三围得够标准,模样儿得够标准。您看模特在台上光鲜亮丽,台下苦头吃大了,一站一立,严格训练,太阳底下一站就是仨钟头,还得膀不动、身不摇,眼睛直视前方,似笑非笑,那真是笑在肉皮儿里含着。走路最吃功夫,您知道模特走的是什么步嘛?专业叫一字步,俗称"猫步"。猫走路就走一字。您看模特一个个长得那么漂亮,家里都养着猫。

早晨起来,不刷牙、不洗脸,先把猫放出来。干嘛?跟猫学走路。猫往前走，模特往前走，猫往右，模特往右，猫往左，模特往左，猫拐弯儿，模特拐弯儿。多咱您一看模特这样(使相)，那位说，那是亮相儿，不，那是猫上房啦——找猫呢！

　　您说模特为什么这么瘦，练的。起床就跟猫走路，睡觉前跟猫走路。一年练十个月的功，一月，三月，四月，五月，六月，七月，九月，十月，十一月，十二月。那位说，怎么二八月不练呢？二八月的时候猫忙！

一个大垫话让观众哄堂大笑。由看模特转到听我啦。

我从台上下来，师父乐得跟老太太一样，瘪着嘴夸我："小子，这现挂能当一个活使啦。你小子聪明，我还以为你找不着底了呢！"我一耸肩膀说："您多提意见。""夸你两句你还来劲啦，别挨骂啦！"我把师父拉到一边说："师父，这是我的鬼蔓儿。这几个月老是有模特参加演出，谁接她们谁怵头。我在家把接模特的垫话预先写好了预备着，我写了一个月啦，一直没派我接模特，今天用上啦。师父，怎么样？效果不错吧。"我师父看了看我说："小子，有脑子。"我来精神啦："师父，我跟您说，我把接大鼓的接魔术的垫话都写了，还没用上呢。""魔术不好接，观众净琢磨东西怎么变出来的，很难把他们拽回来。"我说："师父，哪天我接一回魔术你听听。"怎么这么寸，没过两天我还真接了

与马三立先生合影

101

魔术。后来我才知道，这是我师父安排的。我记得那天我是接杂技团杨新英的魔术。杨老师个儿不高，但漂亮又潇洒，她在台上使活干净利索。我们和杨新英关系特别好，我们都叫她杨姐，有时候我还会和杨姐开几句玩笑。

杨姐在一片掌声中潇洒地走下台，该我上场啦。

我到台上先没说话，望着杨姐下台的方向自言自语："她这东西怎么变出来的呢？她在哪儿藏着呢？"这两句话是反映观众的心理，观众也正琢磨呐，我这一两句话说到了观众的心里去啦。

　　杨姐的魔术你们爱看，我也爱看，我告诉你们，我就为了弄明白她怎么变出来的可下了功夫啦。杨姐比我大两岁，我叫她姐姐，您看现在，杨姐这都四十多岁啦还这么漂亮，她二十来岁的时候，那才叫光彩照人，脸又白又好看，看不够啊。那年她二十一，我十九，为了弄明白她的魔术，她在哪儿演出我就去哪儿看。杨姐今儿在哪儿？一宫，我骑自行车奔一宫看去；杨姐在"中国"，我"中国"看去；今儿杨姐在红桥民族宫，我骑车奔民族宫。一连看了三四年，那年杨姐二十四，我二十二，我不看啦。那位说，你看明白啦？没有！我一打听，杨新英结婚啦，那我还看什么！

我从场上下来师父说："这个垫话也可以用到其他演员身上。"后来我和籍薇同台也用这个垫话。

最让我师父兴奋的是我帮刘文步演出的现挂。

谦祥益文苑每年都要搞相声节，我和谦祥益的史清元是好朋友，每年我都去帮忙。相声节搞得很红火，全国各地的小剧场相声演员都来参加,全国的相声社团几乎也都来参加展演。正是这节骨眼儿上,刘文步住院啦,说是让车碰着啦。史经理让我替刘文步演一场。救场如救火,说什么我也得去。可当天的节目单上写的是刘文步,我又是按他的场口上台,观众肯定有疑惑,我必须在台上把这事儿说清楚。那天是我徒弟许健给我量的活,我也没想到那天的现挂能产生这么好的效果。

各位朋友大家好,今天我们爷俩跟您说一段儿。您看节目单上写的是刘文步,为什么我来了呢?我是替刘文步先生演一场,文步老师演不了啦。很不幸,我在这儿替他演出,也算是对刘文步先生的一种怀念,他人还活着,就是住院啦。让车碰着啦。这是他第二次被碰着,这也是我第二次替刘文步啦。

文步先生都快八十了,天天演出骑着那辆电动车,他那辆电动车不怎么样,天津人管那种车叫狗骑兔子,别人都不骑,刘文步天天骑着。上回让一个自行车给驳倒了,演不了啦,他给我打电话:"俊杰,我是文步,爷们儿,你得替我演几场。我演不了啦。"我说:"怎么啦刘叔?""让一辆自行车给我驳倒啦,我住院啦,你受累替我几天。""我看看您去。""不用,先演出。"老先生是精,我替他演出,演完分给我点钱,我再拿钱给他买点好吃的,再给他撂下点儿钱。你别看他没演出,收入一点儿也没少。

这回又是这样,昨天,文步先生给我打电话:"俊杰,我是文步,你替我演几场,我演不了啦。"跟上回的电话一个字都不差。我说:"怎么?又让车蹭啦?""您还真猜对啦,这回是汽车。""啊,您怎么样?撞得重不重?""比上回重点。"

我一听，别含糊啦，赶紧去医院吧。

我到了医院，文步先生在床上躺着呐，一见我，起来啦。我说："您别动。""没事儿，没事儿。"我挽着他坐了起来。我说："撞哪儿啦？"文步往后背一指："就是这，后边儿，这，这后边，这地方儿。"他也说不清什么地方，一个劲儿用手往后背指。我说："羊蝎子那块儿？""对对，就是那儿。"说着他乐啦。"那您好好养着，这一天半天可好不了。""可不是嘛。"我说："刘叔，您也别着急出院，您的场我给您顶着，回头您跟他们结账。""爷们儿，谢谢你。""您甭谢，好好治病，以后别骑车，可得注意，这都撞了两回啦，什么时候好利索喽什么时候再演。"刘文步看了看周围跟我一摆手让我走近他。我走到他跟前他乐着小声说："爷们儿，好了我也不演啦。""怎么，不说相声啦？""我告诉你，碰瓷儿比说相声挣得多！"

我说得跟真事儿一样，开始观众都信以为真了，也想了解刘文步的情况，听得非常仔细，我一说"碰瓷儿，比说相声挣得多"，这个大包袱在前后台大响。

我师父知道这事问我："俊杰，'碰瓷儿比说相声挣得多'是预先写好了的？"我说："不是，那还真是个现挂。""挂得好，有故事、有人物、有包袱。不容易！"

二十八、"这杯归您啦"

生活中我师父很少开玩笑,跟他开玩笑的人屈指可数,我记得陆倚琴跟他开玩笑、马增慧跟他开玩笑、杨少华跟他开玩笑,再有就是白三爷白全福啦。当然,砸挂的玩笑那就有谁是谁啦。

师父跟白全福白三爷的玩笑开得最深。有一次师父跟白三爷的玩笑把我给乐坏啦。

白三爷生活简朴,出外演出舍不得吃也舍不得花,没有一天不惦记家里的日子。他抽烟抽最次的,吃食吃最便宜的,穿衣服也不讲究。白三爷有一句口头语:"有钱得花在刀刃儿上。"什么是白三爷的"刀刃儿"呢?您听我慢慢道来。

我们出外巡回演出,我师父在一家商场看到了一套宜兴壶。这宜兴壶不是我们平时壶的造型,是异形的,一摞小杯一个比一个大,一个套一个,最大的那个有个嘴儿,算是壶。除了异形外还做工讲究、质地优良,摸起来很细腻,手感特舒服。常出门的人带着它合适,小杯摞在一起不占地方,打开能供四个人喝茶。东西是好,可价钱可也不菲,1989 年售价 48 块钱,正合我一个月的工资。我跟着我师父进出那个商店有六回,去一回,就让服务员拿出来。他是一边摸一边夸:"真好,是个玩意儿。"我师父都快把壶摸出包浆来了也没舍得买。我说:"您要是喜欢就买,您舍不得,我给您买。""别,你一个月工资给我买个壶,你还过吗?"老头儿一咬牙,一跺脚,自己买下来啦!

回到宾馆打开包装，我师父细细地观赏。我说："师父，我刷刷，咱沏一壶尝尝。""你别刷，我刷。"他怕我给摔喽、碰喽。师父洗了一遍又一遍，洗完用开水烫，烫完把四个小杯一字排开，大杯子立在旁边，笑呵呵地把茶叶放进大杯。"小子，上开水。"我把电壶取过来刚要沏茶，我师父把我拦住："我来，我来一个凤凰三点头。"他沏好了茶，看着冒着热气的茶杯直喊："值，值！"我知道，他嘴里说值心里还是心疼钱。茶闷得差不多啦，我说："师父，我给你倒一杯。""别介，我来，今儿我伺候你，我给你倒茶。"嘿，他老人家为了壶改了伺候我啦。

我们爷俩喝着茶，瞧着壶。师父讲起了东坡壶，说起了茶的故事；什么"茶，上茶，上好茶。坐，请坐，请上座"的郑板桥的故事；讲茶艺、讲茶博士、讲日本茶道，他把他知道的关于茶的事儿都说啦。我们爷俩喝了一壶又一壶，直喝得我肚子咕噜咕噜叫。该吃饭啦，可我师父正说到兴头上，我又不好意思拦住他。他开了长篇啦！

屋门一开，白三爷进来了。进门就一句："怎么？爷俩辟谷啦！不吃饭呐！""这不喝茶呢么。"这会儿白三爷才看到那套茶具。白三爷识货，看了看杯子，抄起一只在手里揉了揉，两只眼直放光："好东西！不赖，这可贵了去啦！谁买的？""我师父。""你师父内行！好东西！多少钱？"我刚要说话，我师父把我拦住啦："您想买呀，不贵，十八块五。"我一听知道我师父要逗逗白三爷。白三爷放下一只，又拿起一只杯子用手揉了揉，说了句："够价，可值。"我没敢说话，不知我师父要干什么。我师父给白三爷倒了一杯茶："您来一杯。"白三爷喝了一口："不成，这茶跟这杯子不配套。茶太次，白瞎了杯子啦！""一会儿您买点好茶叶，我借给您壶用。咱吃了饭在这儿喝茶。""嘿，你倒不吃亏。""您没有这好壶啊。""我不会买壶去？""这么贵,您舍得？""有钱花在刀刃上。你告诉我在哪儿买的？""就在街里那个百货店。""我这就去。""天热,您留神。"

我师父把白三爷的火勾上来啦,这宜兴壶是非买不可啦！

那日正是三伏天,外面骄阳似火,白三爷穿着个老头儿衫,三爷胖,本来不走路还出汗呢,这一路,白三爷汗如雨下,一路走一路崴汗。好不容易才到了百货商店,还得爬楼,卖瓷器的在三楼,白三爷爬到三楼是上气不接下气儿,摁着柜台喘了半天气。他一眼就看见宜兴杯啦。"姑娘,您把这杯子拿给我看看。"售货员把一摞宜兴杯子拿给他。三爷看了看,没错,跟我师父买的一模儿一样。三爷掏出钱数了十八块五毛往柜台上一拍,你给我装盒子里。"什么就给您装盒子里？""杯子。""您给了多少钱？""十八块五呀。""您看看,我们定价四十八块五。""啊,这么一会儿就涨价啦,赶上日本强化治安啦！"小姑娘不知他说的什么。"我们就卖四十八块五。""上午有人买的十八块五。""那不是在我们这买的。""你们这儿还有瓷器店吗？""您下楼出门向左拐有个瓷器店,您上哪儿问问去。"白三爷下楼向左拐,走了没十分钟,还真有一个瓷器店。三爷进去找了半天,才在一个角落里看见了宜兴杯。这回他有经验啦,先问价:"你们这套杯子多少钱？""四十八快一。""你们还有准价嘛？"白三爷一句话把售货员说愣啦:"什么？我们怎么没准价啦。""刚才那个店四十八块五,你这儿四十八块一,早晨有人买的是十八块五。到底多少钱？"售货员看了看白三爷,见他浑身大汗淋漓,还喘着粗气,有点心疼:"您别着急,您回去问问告诉您的那个人在哪儿买的。"三爷一扭头走出了瓷器店,一边往回走一边儿琢磨:"文茂说十八块五,这儿卖四十八块五,差得太多啦！这怎么回事？"突然间,白三爷站住啦:"好小子苏文茂,他妈的冤我,大中午的让我白跑一趟,弄我一身臭汗。这阵儿正在屋里乐呢!这个杂种,我回去跟他没完。"

我师父、我,还有几个人正在屋里打扑克呢。冷不丁就听楼道里一声大喊:"苏文茂,你个王八蛋!"我师父一听乐啦:"这是谁这么客气。"我说:"白三爷。""我知道。快别喝啦,把小杯子摞起来。"我们几个人把杯子里的水都倒掉,摞在一起交给了我师父。

白三爷一开门,我师父就把杯子举了过去:"这杯归您啦!"

二十九、饺子皮儿

我师父在公众场合总是温文尔雅，他待人和气，从不高声说话，像个学者。偶尔碰到他的观众，总是很礼貌地跟人握手，很认真地和人交谈，没有不耐烦的时候。很是谦恭。

可有一次，我跟他去饺子馆吃饺子，他是拍桌子瞪眼，跟一对男女青年大发雷霆。

那是个中午，我跟师父进了一个饺子馆，饺子馆店面不大，很舒适、很干净。中午人不多，我和师父在饺子馆坐下，要了半斤饺子、一盘煮花生、一碟粉肠。我给师父要了一个小二(小二锅头)，我自己要了一瓶啤酒，我们爷俩饺子就酒，吃得挺美。

我们对面坐着一对小青年，看意思是一对恋人。俩人面对面地坐着，头顶着头，一大盘饺子放在俩脑袋之间的桌子上，这俩连说带闹，时不时地还"剋死"(英文 kiss)一下。我和师父都假装没看见，照旧饺子就酒。喝着喝着，我一看老头儿脸色不对，只见他眼睛斜视着那对青年。我说："师父，没事吧？""没事儿。"嘴里说没事儿，手有点抖，我跟师父这么多年我知道，这是他要发火的前兆。可我不知为什么呀，一看那对青年我明白啦。

这二位，吃饺子就吃饺子肚，把饺子前面的皮儿用牙磕掉吐在桌子上，你吐一个她吐一个，一边儿吐一边儿笑。一会儿的功夫，桌子上一大堆饺子皮儿，看着实在不雅观。我一眼没看到，我师父已经站起身走到那对青年的桌子前，用筷子指着桌上的饺子皮儿说：

109

"这饺子皮儿怎么啦？怎么都吐桌子上啦？"这突如其来的问话给一对恋人问愣啦，他们半天才缓过劲儿来，那男的好像明白了我师父的意思。他故意反问道："你这话是什么意思？""我说得很明白，饺子皮儿怎么啦，怎么都吐在桌子上啦！"师父调门有点儿高，他已经很激动啦。男青年一摔筷子站起身来："我吐在哪儿你管得着吗。"我站在他的身后说了一句："别跟老人家这么说话。"我师父摆了一下手说："没你的事儿，别说话。"我知道师父的意思，他怕这小伙子跟我来劲儿。师父看了一眼小伙子，又看了看姑娘，说："你们俩看看，这馆子里都是吃饺子的，有哪位像你们俩这样吃的？"小伙子一点都不内疚，瞪着眼睛说："我怎么吃饺子还用你教给我？""我不是教你吃饺子，我是教你做人。你这是浪费，你这是没规矩。吃饺子还吐皮，我活了七十多岁头一回看见，你让我开了眼啦。"那姑娘，眯着眼说了一句："你是我们什么人，管我们的事？""你们父母要看到也会这么说，这叫摆的什么谱，你这种行为很丢人！可耻！"姑娘急啦："你说谁可耻？"师父拍了一下桌子，调门更高了："浪费就可耻，浪费是极大的犯罪。"小饺子馆的人都站了起来，七嘴八舌地议论："太不像话啦，您瞧这一桌子饺子皮。""这是没挨过饿！""这不是浪费粮食嘛！"一个五十多岁的黑胖子挤进人群说了一句："这才叫吃饱了撑的愣冲充大尾巴鹰。"黑胖子认出了我师父，他说："苏老师，您别生气，我跟您喝一个。"我赶紧把老头儿扶到座上，有几个人凑了过来，说："苏老，您别着急，我给您添个菜。来来，咱爷俩走一个。"

那对小青年自知理亏，站起来要走。我师父又说话啦："老板，拿个打包盒来，你们俩把饺子皮儿和剩下的饺子带回家去，问问你们的父母我苏文茂说得对不对？"所有吃饭的人都鼓起掌来。那对小青年把饺子皮儿和剩饺子装进打包盒,灰溜溜地走啦。

我师父举起酒杯站起身来说:"我敬大家一杯,实在对不起,耽误大家吃饭啦!抱歉。"所有喝酒的人都站起来举起酒杯,还是那个黑胖子大笑着说了一句天津话:"苏先生,我奈(爱)你!"

大家一饮而尽。我眼泪下来了!

三十、"我还有母爱"

　　我师父是小蘑菇的徒弟,俩人相差七岁。小蘑菇英年早逝,留下的都是遗憾。那时贵田很小,师娘很年轻,我师父没了师父,贵田没了父亲,师娘没了丈夫,常连安失去了长子,常家塌了顶梁柱,天津相声界少了一位领军人物。常宝堃的死那才叫相声界的重大损失啦。

　　我师父说小蘑菇牺牲的那些日子里他整天以泪洗面,再看看师爷常连安,整天愁眉不展,好多天都不说一句话,总是一个人在院子里没完没了地走,转过来,转回去,时而看看天,时而瞧瞧地,时而捶胸顿足。小蘑菇在常家太重要啦,他是这个家里的灵魂,小蘑菇给常家带来的是一片辉煌,他的离去给常家带来的是一片昏暗,小蘑菇走了,这个家的魂没啦!

　　我师父说,那些日子里他一看师娘和贵田就不由自主地掉泪。看着师娘他想到了自己的母亲,师父他八岁就没了父亲,老娘一个人拉扯他长大,那时他老娘也是三十来岁,风里雨里,老娘吃尽了苦头,师父和老娘相依为命。

　　师父看着贵田,想起自己很小失去父爱,小时候的他总觉着孤苦,总觉着家里缺少温暖,人生缺少一片天,身后缺少一座山。我师父说,小蘑菇牺牲后的日子里,他只要一见着贵田就把他背起来跑,直到跑得浑身大汗才停下来。他也不明白为什么那些日子他会那么做,也许他是以此来压抑自己的悲痛,也许是想给这个和自己一样幼小失去父亲的贵田一些力量。他看着师娘想起亲妈，看着贵田想到自己。他痛苦万分，多少次躲在没人的地方默默掉泪。

小蘑菇走了，可师父的人生和常家紧紧地拴在了一起。逢年过节，我师父一定得去看他的师娘，尤其春节，无论他怎么忙也得抽空去一趟，给师娘磕头，拜年，每年看不到师娘他就不放心。

师奶奶也惦记着我师父。我师父功成名就了，师奶奶还是不放心；我师父已经是誉满全国的相声名家啦，师奶奶还是惦念师父，关心师父的成长。毕竟我师父是小蘑菇艺术上的"独生子"。常宝堃就我师父这一个徒弟。我师父子孙满堂啦，师奶奶还是关心着师父，冷啊热的，打电话都得问到了。

那年我师父快八十啦。大年初三，我去家里给他送带鱼，他跟我说起了师奶奶。

我师父上了年纪以后，过年就不再去北京给师奶奶拜年啦。但是每年初一必定给北京的师奶奶打个电话问候一下，也是报个平安。年年如此。

有一年过年，我师父没给师奶奶打电话拜年，一来是家里人来人往顾不上，二来是，我师父的思维已经不像以前那么清晰了。初一晚上十点多，电话铃声响啦，我师父一听是师奶奶："文茂，是文茂吗？我是你师娘，你今天没给我打电话，我很是不放心，你还好吧？"师奶奶一口气说了这么多话。师父赶紧回答："我是文茂，我很好，我在这儿给您磕头拜年啦！""好，好，你好就好，我惦记着你呀！"

短短几句话道出了母子之情。我师父流着泪跟我说："小子，我都八十啦，我还有母爱！"说着还伸出了拇指。

三十一、"我不能跟鬼一块住"

　　天津广播电视局要录制传统相声，把任务交给了天津音像资料馆。音像资料馆的郑吉平老师找到了我，让我帮助策划怎么录制，都录制哪些老艺术家的节目。当时广播局刘副局长有指示，这是个抢救工程，有些老艺人、老艺术家年事已高，要尽快地把他们的传统节目录下来，能播的播，不适合播出的资料馆要把它保留起来，这是财富。抓紧时间录制，这是个艰苦的工作、细致的工作，这是个功在千秋的事。

　　现在看来还真是一件了不起的事情，当初参加录制的老先生现在几乎都没啦。赵世忠、于宝林、冯宝华、张永熙、马敬伯、范振钰、王世臣、王长林等，还有马三爷、我师父，都先后离开了我们，可他们的经典作品被完整地保留了下来。这是一笔财富。可惜的是，就在我们准备录制的前几天，康立本先生也驾鹤西去了！

　　当时，我们根据刘局的指示聘请马三爷(马三立)为录制顾问。我们跟随刘局到天津第二工人疗养院拜访马三爷。记得刚一进门儿，三爷就把刘局逗乐啦。

　　一进门儿，我先恭恭敬敬地给老头儿鞠了一躬，喊了一声"老祖儿"，三爷冲我一摆手："局长在这儿别乱喊，再说，你吐字不清，你管我叫的是'老祖儿'还是'老总'啊？局长要是听差喽，还以为我当过旧警察呢！"一句话把我们逗乐啦，刘局更是笑得前仰后合。刘局恭恭敬敬地把聘书授给了马三爷，三爷说了几句话全是包袱："好事儿,我愿意当这个顾问,你们可别忘了'顾'我,也别忘了'问'我。聘书给我啦,最后就落了个没人'顾'也没人'问'！可就没意思啦。"

那天我们是笑着告别马三爷的。

录制哪些节目,都找哪些人,这些人都在哪儿,这都得先得弄清楚。津京两地的老先生我差不多都知道,外地的我就不熟啦。我去找了我师父,他非常高兴,说:"这是个好事,是个功德无量的事,我举双手赞成。"他跟我推荐了应该找的老先生,除了天津北京的老先生之外他建议请南京的张永熙、安徽合肥的高笑林、武汉的康立本、东北黑龙江的王长林。

我和郑吉平等一行三人奔赴南方。

关于张永熙,我师父跟我讲了很多。什么"南张北侯"的传说,什么"小张麻子"的外号的来历,什么"大小张麻子"的故事。我师父说,张永熙的学唱最为精道,尤其学唱越剧可以乱真。而且他的竹板打得漂亮,数来宝堪称一绝,台风潇洒,人往台上一站,像戏剧舞台上的小生,身段漂亮,气质温文尔雅,一派文人气。十个麻子九个俏,张永熙占一俏。

我师父的介绍给我描绘出一个英俊、潇洒、漂亮的张永熙。而在南京我见着的却是一个驼背、瘦脸,尖下颏,脸上有点儿小坑儿的糟老头子。我师父说的是年轻时的张永熙,我看见的是老了的张永熙。岁月让张永熙失去了往日的风采,给我留下了一个遗憾。我想象不出那个台上像小生的人。

张先生住在南京一个普通小区里的一个普通的单元房,而且是五楼。那是个两居室,屋里非常干净,陈设比较破旧,一看就知道是用过几十年的家具。双人床上铺着一片竹席,竹席已成古铜色,看见那片竹席我当时想起了李润杰的那副板儿。竹凉席上非常明显地补着三块蓝补丁。一看便知,张先生生活得不是太富足。

进门我叫了一声"师爷",张先生没答应,他愣了一下说:"你是？""我是苏文茂的徒弟,刘俊杰。""哦,你应该叫我师爷,我跟你师父相好。你刚才叫我什么？""师爷。""哎！"张先生拉着长声儿答应着。"这二位怎么论呢？""这二位是天津音像资料馆的。""那就叫我……"我接下去说:"老张。"张先生一点头说:"有包袱。就叫老张。"

我们说明来意,张永熙先生异常兴奋,当场表示要把自己这些年的作品统统录下来。他既没有问录制的费用,也没问居住条件,只是说没有量活的。我说:"您只要说出一位,我就能把他找来。"张

先生说:"最为合适的就是北京的赵世忠。"我当场答应他:"没问题。我和赵世忠先生很熟,他一定能答应。"

我们跟张先生订了合同。当时,他定了十段节目,临走,我给张奶奶手里塞了一千块钱,是我相声晚辈的一点心意。张先生的老伴儿喊起来,她是"满春满典"(相声的行话都会):"永熙,俊杰'挡楮'啦(给钱啦)！"张先

1980 年调入天津曲艺团,与师父在家合影留念

生跑过来说："你这是？""我师父的一点心意。""那，谢谢啦！"张永熙先生把我叫到一边儿小声跟我说："我去天津，给我安排单间住房，我要一个人住。"

本来我对张先生的第一印象非常好，说话到位，用词精准，透着一股书卷气，不像老艺人，像个学者。可临走这一句话却让我非常吃惊，这跟刚才的他体现出来的风度有悖。要求住单间其实不算什么，这个年龄，这么大蔓儿，也应该住单间。可我们这次请的都是蔓儿，都是这般年纪，大家要是都要求住单间，没有这么多经费，就让他一个人住单间，我也不好协调。张先生给我出了一个难题。

张永熙先生到天津来得比较早，他要和赵世忠先生"对活"（排练）。当时很多老艺术家还没到，房子富裕，我给张永熙先生安排的单间，他很满意。可我心里直打鼓，人到齐了怎么办？

开始录制的前三天真的人满为患啦。到晚上八点，房间都安排

"中国传统相声集锦"请马三立先生当顾问

117

好了,当然是俩人一间,只有张永熙是单间,两张床,一个人住,这不是挺好吗,半道儿上来个惹祸的。范振钰先生来啦,他一头扎进东北的王长林的屋里,二位聊上了。范振钰先生在天津有家,本来他说回家住,这又回来了,我也不好意思问他。快九点啦,范振钰先生喊上啦:"俊杰,给我们弄点酒,弄点菜,我们喝喝。"两位嗜酒如命的人聊天,没有酒还行!我赶紧去打酒买菜。这两位我都得叫师叔,谁说什么我都得听着。酒菜搞来,我还得陪他们喝,我哪有心思喝酒,心里就惦着怎么安排住房啊。您再瞧这二位,推杯换盏,你来我往,不到两点,一瓶"尖庄"见底儿啦!

夜两点,范振钰先生开始说车轱辘话啦。一段话刚说完又说,像是回放,一遍又一遍。王长林先生还清醒,喝完一杯酒后跟我说:"俊杰,赶紧给振钰安排房,他这儿'溜活'(念词儿)啦!一遍一遍地我都瓷实啦,他还没瓷实。"

万般无奈,我把范先生安排在张永熙先生的屋里。我跟范先生说:"您在这儿忍一宿,明天我给您安排房间。"

我回到屋里继续和王长林先生聊天儿。过了没有半小时,就听走道里"哎呀"一声:"活不了啦!"我吓了我一跳,急忙走出屋,只见范先生一个人穿着个小裤衩,上身裸露,光着脚站在楼道里。我说:"怎么啦,叔?""你去看看张永熙!"我跑到张永熙先生屋里一看惊呆啦,张先生坐在床上面目狰狞,眼直勾勾地看着前面,呼噜声震天动地。敢情他睡着,我正要上前叫他,老先生又躺下啦,呼噜声停啦,好像呼吸也停啦,一点动静都没有啦。我害怕啦,走到床前想推他一下,突然,永熙先生又坐了起来,面目比先前还要狰狞可怕,眼睛照样睁着,平日里那个和和气气的老头儿瞬间变"画皮"啦!

原来张永熙先生就是这样睡觉,打呼噜加撒癔症,我估计谁跟

118

他一块儿睡，都能被吓出病来。

我把我的房间让给了范先生，范先生惊魂未定，躺在床上不睡，我说："您睡吧。""我缓缓。"我把手放在他的肩上，一边拍一边唱儿歌："胡撸毛，吓不着，胡撸头心儿，吓一阵儿。"范先生笑着说："滚！"

那一夜，我在门房忍了一宿。

次日清晨，我师父来看望永熙先生。我陪着师父去见张先生，两位老人握手寒暄，无比亲热，我师父叫他张叔，他叫我师父文茂。我师父说："俊杰负责接待，您有什么事儿只管吩咐，招待不好您就骂他。""你徒弟有定力，我在南京告诉他我来天津要求住单间，他模棱两可，也不说行，也不说不行，我看他面有难色。""这不是给您安排单间了嘛？""是呀，是安排了单间，可昨天晚上又住进来一位。""人呢？""吓跑了！"我师父准知道这里有故事，就不再问啦。当时我心里十分内疚，当初我以为张先生是耍大牌、摆谱儿，要跟别人待遇不一样，昨天夜里我已经明白了张永熙先生的用意。我赶忙把话茬儿接过去说："师爷，您别说了，我明白啦。我给您道歉，我不了解情况，请您原谅。"我师父不知是怎么回事，赶忙问："爷俩，这是怎么个意思？"我还没回答，范振钰先生进来了，进门一指张永熙："嚯，变了人形啦！"我师父更迷糊啦："这究竟怎么档子事儿？"我把昨夜的事儿一说，我们大伙儿都乐啦。我师父跟张先生逗："哎，张叔，您这个睡法儿我婶子受得了吗？要不我婶子就是个法师，我婶子睡觉是不是带着佛尘啦！"张先生一摆手："别提啦，我这一辈子吓走了仨老伴儿，这不昨儿又吓走一个吗。"范先生说："得多大胆子跟您一块睡。"张先生乐啦："你呀，坚持几天，习惯了就好啦。"范振钰一听蹦起来啦："别介，我不能跟鬼睡一块儿！"

三十二、"不孝的徒弟苏文茂
看您来啦"

那一年,清明节。天津电视台要录制追忆已故艺术家常宝堃烈士的节目。电视台《鱼龙百戏》节目组的导演宋东找到我,跟我商量能不能请我师父参加。我为难了,因为当时我师父已经生活不能自理了,出门儿得坐轮椅,可是纪念常宝堃烈士不能不跟他说一声,他毕竟是常宝堃先生唯一的徒弟,而且他们爷俩的感情比一般师徒的感情要深得多。我师父晚年的时候,每每和我讲起师爷常宝堃就眼含热泪,师父是个性情中人。让他去,我怕他情感上受不了,他特别爱激动,万一有什么不妥,不好办;不让他去,他也是这个岁数了,以后恐怕也没有机会了。

我觉得得听听他的意见,就去和师父商量,我一进门儿还没说话,师父迎头就是一句:"俊杰,快清明啦,你们替我给你师爷烧个纸!别忘喽。"我想,这几天他一准儿是天天在想这个事,要不怎么我一进门开门见山就说这个事呢。我说:"忘不了。我正想和您商量有关师爷的事情。""什么事?""《鱼龙百戏》要做一期纪念常宝堃烈士的节目。""好,好啊。我去参加。""他们也希望您能参加,只是怕您的身体顶不住。我们得去烈士陵园。""我早就想去啦!你师爷的骨灰就在那儿,我得去看看,要不然,我,我就看不见啦。"说着眼泪下来了。我赶忙给他面巾纸,他擦了擦眼泪说:"我没事儿,老了,就是总想往事,这几天我还梦见跟你师爷上堂会呢!"说着他又乐啦,乐得很勉强。

师父说:"我这个徒弟就不像个徒弟,那年月都叫我徒弟大爷。"我说:"这怎么讲,徒弟怎么还大爷呀?""别提啦,提起来我就惭愧,我跟你师爷学徒的时候,我是喝酒打牌,我妈惯着我,我师父也惯着我,因为我没有爹,他们对我总是网开一面。那个时候学徒,吃住在师父家里,平日在家干点儿家务活,我主要是看孩子,看着贵田。晚上去相声园子'听活'(听相声),你师爷有包月车,说是包月车,其实就是洋车,就是骆驼祥子拉的那种车。现在看来很简陋,那阵儿可是很讲究,上园子说相声有包月车的没有几位。别人上园子演出赶场都是夹着大褂一溜小跑,你师爷上园子包月车接送,是一件很了不起的事。我一个学徒的,不能跟师父坐包月车呀,我每天走着上园子,师父心疼我,把家里的自行车给我骑。现在大家都不骑车了,出门打车,那年月,别说骑自行车,有自行车的主都不多,何况那辆车是'凤头',我一个十几岁的孩子骑一辆凤头自行车

随"曲苑杂坛"走进加拿大受到天津老乡的欢迎

121

上下园子非常乍眼,大家伙儿纷纷议论:'这徒弟,骑凤头上园子。''讲究,欺了祖啦!''蘑菇,这是你徒弟?这不是大爷吗!''骑凤头,大爷,徒弟大爷!'我这徒弟大爷的外号算是叫响了。"

我递给他一支烟说:"大爷,我给您点上。""别挨骂啦。"师父紧抽了几口烟,一团烟雾在他面前升起又散开。他眯着眼,静静地坐着。师父陷入了深深的沉思。我猜想,他和师爷的往事的浪花此刻一定在他的脑海中翻腾。许久,他看了我一眼说:"提起你师爷,我有说不完的话。记得那是临近春节的一天,早晨,我给你师爷去请安,他从抽屉里拿出来一沓钱递给我说,'过年啦,这点钱给你妈拿回去,办点年货'。说着把钱放在我手里。我执意不要,又把钱放回桌上。因为,学徒的只是在师父家吃喝,师父给做衣服,没有钱,有时师父给点零花钱。那时候你师爷给我的零花钱不少,我都打牌啦,他知道我也存不下什么钱。他把桌上的钱又重新放在我手里说,'这也是师父的心意,去,回家吧'。"

我师父最后一句是含着泪说的。我怕他难过,一个劲儿劝他:"都是过去的事儿啦,您就甭往心里去啦。""小子,不是不往心里去,是我心里一直有这个事,忘不了啊!你是不知道,你师爷为我挡横的事多着呢。那一年,让我去收堂会的钱,我把钱给输啦!那没的说,家法伺候,我大春凳上趴着,一竹条下去就是紫红一片。你师爷像革命党一样把我推下春凳,自己趴在上面。'来,打我吧,子不教父之过,徒弟的错,我的过,是我没管教好。我应该受罚'。你师爷一趴下这事就算完啦。"

"这事过去了有七十年啦,我记忆犹新,师父替我受罚,就像是昨天的事。"

我一看,不能再跟师父聊了,他已经泣不成声了。我说:"您别说啦,这事您跟我说过好几遍啦,我知道师爷对您好。"我说得轻描淡写就为了不让他太认真,他明白我的意思,就说了一句:"我说出来痛快。好,不说啦!"师父今天的表现,我是真不敢让他去烈士陵园。

师父大概看出我的意思,他说:"你不用犹豫,我一定得去。这是我的一个心愿,千万别拦着我。我十三岁跟你师爷学徒,他一行一动我都看在眼里,留在心里。他是我授业的恩师,他是我做人的榜样。你师爷坐包月车,路上只要见着长辈他准下车,把车让给长辈坐,他跟着车走;路上遇见听客、观众,他给人家请安;你师爷还给同行'留饭'。高元钧初来天津,又是使快书,很难打开局面,你师爷在台上为高元钧宣传,给他做广告,为了引他入行,让他门户正,你师爷介绍高元钧拜了常连安,使得高先生在天津曲艺园子开门就红。你师爷还跟救济所一起为穷人募款,都是带着我去的,多少

1996 年平顶山曲艺节上,二薇(贺薇、籍薇)与师父在一起

123

大老板看着小蘑菇的面子捐出钱粮。你师爷现在要是活着,他还是第一。那时候我是年少轻狂不懂事,当我成家啦,懂得报恩啦,他却走啦,走得太匆忙,我是一点孝心都没尽。我惭愧呀,后悔呀!他没有喝过我给他买的一两酒,没喝过我的一两茶。你师父我,只有一颗感恩的心面对苍天。"

说着师父又要流泪,我赶忙拦着他说:"师父,我同意您去,您这两天好好休息,到时候我来接您。"

到烈士陵园的那天天气特别好,阳光照在纪念碑上,"革命烈士永垂不朽"的大字格外醒目。

我们一行二十多人向烈士纪念碑献了花圈。

师父在队伍的最前面,我和我爱人推着轮椅,后边是小蘑菇的儿子常贵田师叔,贵田师叔的儿子搀着他。再后面是我的徒弟王友儒、徐建、冯阳、王铮鑫、赵子龙、张福和周玥等。《鱼龙百戏》的导演宋东、主持人小李佳和摄制组的其他朋友们忙着拍摄。

进了纪念堂,我师父扶着轮椅的手开始发抖,宋东导演跟我耳语:"您看好苏老师,我们尽量拍得快一点。"我们静静地一排一排地站在供桌前。供桌上罩着一块蓝布,上面摆放着两束鲜花,主持人李佳站在前面,面对着我的师父眼含热泪地说:"我们请礼仪小姐把常宝堃烈士的骨灰盒敬放到桌上。"礼仪小姑娘双手捧着常宝堃烈士的骨灰盒把它放到桌上,她冲骨灰盒鞠了一躬,退了下去。李佳走到一侧深沉地说:"我们向常宝堃烈士三鞠躬。"我师父挣扎着从轮椅上站起来,我和我爱人架着他的胳膊,我感觉到他浑身都在颤抖。三鞠躬礼毕,李佳说:"请大家到追忆室。"这句话她说得很快,我知道她是想让我师父赶快离开这个场合,她怕我师父出意外。这时候,意想不到的一幕发生啦。我师父竟然向前走了两步,他平时一步都走不了，今天竟然超乎我们想象地站起身艰难地往前走了两步。师父双手抱定常宝堃的骨灰盒，老泪纵横。大家都被我师父的举动惊呆了，我、我爱人、贵田大叔搀扶着他、劝说着他。我当时还比较清醒，我说："师父，您跟师爷说两句话表示一下心情咱们就走，您都快八十啦，不能太伤心啦！"师父整理了一下骨灰盒上的红丝绒，又冲骨灰盒鞠了一躬，这深深的一躬，头几乎碰上了骨灰盒。他声音很大地说了一句话："师父，不孝的徒弟苏文茂看您来啦！"

三十三、《串调沙家浜》

我跟着师父四十多年,他当面很少表扬我,背后却护犊子。我的《串调沙家浜》上了中央电视台的春晚,行里行外的人都说是个精品,那阵我不管到了哪里,人们总是要提起《串调沙家浜》,还有的人学唱我的唱段。就连已经病了的刘文亨也在轮椅上伸出拇指。

说起这个,我想起了上春晚的那天晚上。除夕夜,很多人盯着看我的节目,大家对我十分关注、关心。刘文亨那时已经病得很重了,他坐在轮椅上盯着电视屏幕,等我出现。

我和刘文亨先生是邻居,我住中单元,他住偏单元。他知道我

随"曲苑杂坛"栏目走进加拿大

去央视春晚又是使"柳活"(学唱)特别兴奋,吃罢晚饭就坐在电视前等着,文亨先生当时已经生活不能自理,但思维依然活跃,跟他聊天儿他能包袱不断。他拿他自己的病情打趣,按他的话说:"我得的是外国病,一辈子没出过国得的可是外国病,叫帕金森,后来我一打听,这是贵人得的病,我、拳王阿里等名人都是这个病,一般人还得不上呢!"那年春节他听说我要上春晚很是高兴,虽然他不能走路,说话很吃力,听力也很差,但他还是准时坐在电视机前,把音量放得很大,屋里的人已经坐不住啦,文亨先生的老伴儿文华老师问他:"干嘛把音量放这么大?"他说:"等俊杰。"

他看了我的节目,推着轮椅在屋里转了一圈,跟文华老师吃力地说:"好,小王八蛋有点绝的。说相声的学唱,能跟胡弦儿(琴)的不多。"他把轮椅推到方厅,面对着单元门,文华先生问他:"你干嘛?"他老半天才说出一句话:"等俊杰。"

从春晚下来我就往天津赶,差不多凌晨的时候到了天津,我记得我是迎着鞭炮声回到天津的。我刚一上楼,文华老师就迎了出来。我说:"大姑,我给您拜年。""先别拜啦,你看你叔吧,你叔等你都等急啦!"我一推单元门,文亨先生的轮椅正顶着单元门儿,我说:"叔,我给您拜年!"文亨叔哆嗦着伸出两个拇指,眼里含着泪:"好,好,爷们儿,露脸,露脸!"我说:"使得快了点儿,央视对节目时间卡得很严,不能超时,有点伸不开腰。"他拉着我的手,我推着轮椅到了里屋,他指着我说:"你小子有心路。怎么想起使柳活呢?"我说:"原来您使柳儿,文亮先生使柳儿,我哪敢使呀,使了也是白给,您不使了,文亮老师也很少使柳儿,我才敢使呀。您得给我说说活。""好,挺好。这活是谁'撰弄'(创作)的?你怎么想起弄这么一段?"我说:"说来话长啦,那时候演现代京剧,还有移植现代戏,对

127

移植样板戏有要求,有几不变,人物造型不变,场景不变,主要唱段的时长不能变,总时长不能变。我听了一出评剧移植的《沙家浜》,给我乐坏啦,我佩服那个作曲的,每个唱段的第一句都是京剧,第二句非常巧妙地转成评戏,天衣无缝还韵味十足,无论是刁德一、阿庆嫂、胡传魁还是郭建光的唱段统统是这样。开板一唱,观众就乐。有一次走穴,我学给大家听,天津京剧院的李凤阁说这可以弄段相声。我说,'我唱,你来记谱,你来组织乐队,咱们玩一把'。凤阁先生是京剧院的司鼓,他可是有绝的,打京剧、打评戏、打豫剧,穿上燕尾服他能指挥交响乐。能打戏、能作曲,是一位难得的人才。人还特别好,非常好合作。文亮先生给我过的吕剧,于是我们在走穴的路上就把京评梆越吕给串到了一起,成了《串调沙家浜》。"文亨先生乐啦:"我说这么地道呢。唱得很专业,咱们这行要么歪唱,没包涵,要是正唱,就得下功夫。你的几个曲种唱得都到位,不容易。

随"曲苑杂坛"栏目走进加拿大

乐队也了不得,什么都会拉。"我说:"中央台把我的乐队给换啦,原来的乐队还好,京胡是京剧院的汤镇刚、板胡是董生,那都是了不得的演奏家,都是大拿。中央台说他们岁数大,给换成一帮小姑娘啦。"文亨老师病得那样也没忘了使包袱,他乐着说:"哦,中央台喜欢小姑娘,我也喜欢小姑娘。"文华老师一听大乐:"俊杰,你叔今儿高兴,有包袱啦!"文亨叔接着说:"我,我唱了一辈子,也没他露脸。小子,我那活,你都能使,你得学。"我说:"我一定好好学。"

《串调沙家浜》影响很大,引起了很多人的注意,我和李凤阁先生聊天时他告诉我一件事。有一次,我师父和李凤阁在一次联欢会上碰见了钱浩梁(浩亮)。老钱跟我师父打听我:"苏先生,你们天津有一个学唱《沙家浜》的是哪位?我得认识认识。他唱得都对,无论是京剧、评剧、越剧,都有味儿,我是第一次听见相声演员唱得这么对的。"凤阁乐着回答:"今儿你算问对人了,那是苏先生的徒弟。"凤阁先生跟我说:"那天你师父特别高兴,说你当过兵、当过工人,爱读书、肯钻研,是个好孩子。"当说到学唱《沙家浜》的时候,他说,'那可不是我教的,那是京剧院的朋友教的,是他们教的'。"凤阁说:"你师父把你夸得跟花儿一样。"我说:"我师父同着我的面儿从来就没夸过我。"

关于学唱《沙家浜》的事,师父还是真跟我聊过。他说:"《串调沙家浜》很成功,也有一定的影响,但是你心里得明白,那是联欢的节目,是我们封箱时候的反串儿,是一技之长,不能拿这个说山,拿这当真东西就错啦。还得说有人物、有故事、有情节的相声,那才是真功夫。"

三十四、《一天零一夜》

天津文联和南开区政府联合举办"南开杯"全国相声大赛,我师父是评委会主任。评委有常贵田、朱光斗、李金斗、薛宝琨等等。我和王宏演出了我创作的反映的哥生活的一个作品。那段作品是在天津文联组织百名文艺工作者,百名的哥"同生活共创作"的活动中搞出来的,节目叫作《一天零一夜》。

我演出的时候,我师父就坐在中国大戏院的前排。我的演出我

青年时期的我与师父合影

师父从来都是在侧幕条看,他怕我"顶瓜"(紧张)。这次不行啦,他是评委会主任,必须坐在前排。我们演出效果非常好,观众反应热烈。一般大赛时候,评委很少笑,这次他们是从头笑到尾,演出结束时评委带头鼓掌,这在比赛中也是很少见的。

我师父跑到后台,走到我跟前和我握手,说:"节目写得好,表演得好,是个精品。"我师父是个极其严谨

130

的人,现在他的身份又是评委会主任,按说绝不能跟参赛选手说这种话。我师父是一反常态了,他是太激动啦。师父从来就没夸过我,今天当着这么多人,又是评委会主任的身份,他失去了常态,我更是觉得很意外。他这种反常的现象还有过一次,那是我的师弟崔金泉在CCTV相声大赛中得了一等奖,师父兴奋得一夜没睡,自言自语地说:"师父(他指的是小蘑菇),咱们这枝儿的子孙没给您丢脸,这枝儿算是传下去啦!"我想师父此刻的心情跟上次金泉获奖时的心情可能是一样的。他盼着他的徒弟能够有所长进,能够把相声继承下去。

师父把我拉到一边儿笑着说:"今天我有点儿搁不住啦,看了你的表演我太高兴啦!这段《一天零一夜》我几乎找不出毛病来。尤其表演,那么多人物,你的各个人物的声音化妆、形态、语言,栩栩如生。那么多场景,你的描绘准确、形象,使观众身临其境。人物、场景、评议、对话跳出跳入得干净利索。这是相声,这是一个人一台戏,小子,难能可贵呀!"师父把我夸得天花乱坠,我是脸红心跳,有一点满足感又有一点愧疚感。以前师父从未夸过我,今天我才知道,师父不是不想夸徒弟,是弟子没有做到位。师父看我不说话,他拍了一下我的脑袋,跟我小时候他拍我的脑袋时一样,他眯着眼睛说:"师父从没夸过你,今儿一夸,是不是蒙啦!""我才明白,您以前不夸我,是因为我没有值得您夸的地方,是因为我以前做得不完美。""达到完美多不容易,你也甭跟我谦虚啦,小子,我今天请你喝茅台!"

大赛评奖,我意想不到的事情发生啦。我和王宏的《一天零一夜》得到全票的赞同,评委一直认为应该是一等奖,我师父却给出了相反的意见。他认为:"俊杰不能拿一等奖,其理由只有一个,他

131

是我徒弟，我是评委会主任，我做主任徒弟一等奖，没有私心，也有了私心。我们不能授人以柄。马三立先生在'马三立杯'相声邀请赛的时候也做过同样的事。当时三爷说，'你们把马三立几个字去掉马六甲可以得奖，马三立杯，我孙子马六甲就不能得奖'。我和马三爷的想法是一样的。我是主任，我徒弟不能得一等奖。"评委们和我师父争论，什么"举贤不避亲"、什么"一视同仁"、什么"实事求是"，我师父全然不顾，一口咬定刘俊杰不能拿一等奖。

评委会主任不签字就通过不了。评委们很头疼，我师父也头疼，他就是大赛评委会主任也不能一言堂啊！这事得有个了断呀！我师父找到我，把事情的原委跟我一说，我非常理解师父的做法。我给了他一个特别说得通的理由，我说："我和王宏是大赛工作人员，我们的演出是助演，并不是参赛演员，我们也没报节目的文字稿和视频，应该被视为非参赛人员。"我师父乐得跟小孩一样，拍着手说："这个理由好。只是你小子委屈点儿。小子，大赛的成绩不在那张纸上，是在观众的心里。"

还是大赛组委会有高招，文联孙福海书记是组委会主任，他和组委会及评委会商议决定，本次大赛特设一个"特殊贡献奖"，我和杨振华等都拿到了"特殊贡献奖"，您别看我没拿一等奖，我得的奖金可是一分没少。

《一天零一夜》的事通过一天零一夜的沉淀总算是解决啦。

三十五、"许您拿玉子就许人家弹吉他"

北方片曲艺调演是曲艺界很有影响的一次活动，是振兴曲艺的一次大动员。北方片曲艺界的各路英雄聚集天津，八仙过海各显神通，出现了不少好作品。其中杨振华的一段吉他相声，掀起了轩然大波。

杨振华是我非常崇拜的一位艺术家，他的创作和表演都是一流的。改革开放后自己拉大旗搞剧团他也是第一位。以自己名字命名的剧团，除了梅兰芳梅剧团就是杨振华相声艺术团啦。

杨振华先生创作的相声总是出奇制胜，他编排的包袱，内行外行一起打。他是剑走偏锋，拳走迷踪。他的开场包袱大家都在用；他的《下棋》把一个传统节目改造成很有新意的经典作品；他的一个"啦呀啦"响遍全国。

杨振华先生是石头缝里钻出来的孙猴子，历经坎坷，终成正果。杨爷，铁棒一举，扫尽尘埃，看似玄妙无宗，细分析，都是出自传统的章法，杨先生是一个傍着传统走新路的人。他的节目充分彰显了相声是以讽刺见长的，他的语言很生动。"相声是讽刺的艺术，辛辣的艺术，现在有些相声都变成酸甜的啦！"多么深刻的感悟，多么善意的批评。他的《假大空》、他的《动物世界》你听了就忘不了，那真是让人回味无穷。

杨振华的现挂在相声界堪称第一。他是给相声界创造财富的人，他的开场垫话是现挂，可是统统都留住了，相声演员几乎都在用。我给您讲一段他的现挂,精妙绝伦,越分析越深刻。那是在评书大赛颁奖晚会,台下坐的都是蔓儿,袁阔成、单田芳、田连元、刘兰芳等等。杨爷出场便是现挂,而且是倒口(方言)。

杨:袁阔成来了吗?

金:来啦。

杨:我找他。

金:您找袁先生干嘛?

杨:他得赔我一头驴。

金:什么呀? 就赔你一头驴呀?

杨:我牵着驴赶集去啦,集上有个小饭铺里有个收音机,那里头正播放他的评书。我听入了迷啦,半个小时,说完啦。我一扭头,我的驴让人家牵走啦。

金:那就让袁先生赔你一头驴?

杨:单田芳来了吧?

金:来了。

杨:他得赔我一辆小拉车。

金:凭什么?

杨:我拉着车,赶集去,集上有个小饭铺里有个收音机,那里头正播放他的评书。我听入了迷了,半个小时,说完啦。我一扭头,我的小拉车让人家给拽走啦。他得赔我。

金:让单先生赔你小拉车?

杨:田连元来啦?

金:来了,他赔你什么?

杨:他得赔我一捆葱。我赶集买了一捆葱,集上有个小饭铺里个收音机，那里头正播放他的评书。你说他们这个玩意儿，怎么都在小饭铺里播呢？我听入了迷啦，半个小时，说完啦。我一扭头，我的葱让羊给啃啦！他得赔我。

金：好，赔你。

杨：刘兰芳来了吧？

金：来了。她，赔你什么？

杨：她呀，她得陪陪我！

金：啊？

杨：陪我找他们去。她是领导嘛！

这现挂让连前台带后台的人全笑喷啦，袁阔成先生、刘兰芳先生乐得最厉害。

杨振华的相声总是出奇制胜！北方片曲艺调演，杨先生弹吉他说相声，剧场效果非常好，但也引来了争议。有人说是出新，有人说是霍霍相声，其说不一。

北方片曲艺调演的研讨会在天津科学会堂二楼举行。我是服务人员，给他们端茶倒水。

当谈到杨振华吉他相声的时候，侯大师（侯宝林）发表意见。大概的意思是说："相声是语言的艺术，以说为主，加上一个伴奏乐器，是不是影响相声的本体，是不是还能称为相声。我们大家探讨。"侯大师说完大家都不说话，沉默了许久，侯大师指着我师父说："文茂是我们同时代的人，对相声的认识和我差不多。文茂，你说我说的对吗？"我师父咳嗽了一声慢条斯理地说："我不同意你的意见。"侯大师一愣，我师父接着说，"称杨振华的相声是吉他相声，不准确。杨振华说的就是相声，只不过，表演加上了吉他。我们传统相声里有玉子,许你拿玉子,就许人家弹吉他。您不能说你不会弹吉他,就不让人家玩吉他,你也可以学学吉他嘛!"我师父说完侯大师哈哈大乐:"文茂说得有些道理。"

开完会我跟我师父说:"您这么跟侯大师说话欠妥吧?" 师父说:"没事,研讨嘛,各抒己见、百家争鸣嘛!大师才不计较这个呢!今天我说的是实话,相声是最能融汇其他艺术门类的艺术,你会唱京剧可以融在相声里,你会唱歌也可以融在相声里。你会杂技、魔术、口技,你会翻跟头都能融进相声里。但是,你不能失去相声本有的特色,跳出跳入、一人多角儿、对话形式、捧逗关系,就行。本来嘛,你拿着玉子不让人家弹吉他那不成。许你拿玉子,就许人家弹吉他!"

三十六、说相声要有底线

师父经常跟我说，说相声要有底线，不能顺嘴胡云，心里要有数。要知道祸从口出。尤其台上的现挂一定要把握好。宁肯没包袱，也不能胡来。我们是吃开口饭的，嘴下要有德。

旧社会我们使活的时候都有要求。《学结巴》这块活，一定铺垫我二大爷就是结巴。为什么？就是怕台下有结巴人家不乐意。我们说的时候一定得说："您也别不乐意，您就是我二大爷。"求得观众的原谅。不管说什么都要站在观众的位置上考虑你应不应该说。这个我有体会。台上一说寡妇什么样，如何如何，我打心里就不爱听，因为我妈就是寡妇，我爹死得早，我妈一个人带着我非常不容易，你一说寡妇，我就打心里别扭。台上说残疾人我也不爱听，我舅舅就是残疾人，他是个瘸子，所以台上学瘸子我非常反感。说相声要有公正之心，要有正义之心，要有善良之心。

师父常说，相声演员要讲政治，春晚的歌舞类节目很好通过，为什么春晚对语言类节目审查得最严格呢，就是怕我们说错话。张老祖张寿臣说过一句话，他说："作艺的台上不谈政治，不离政治。"这话说得很辩证，不谈是怕你说不明白，我们说相声是个特殊行业，又是一个喜剧形式，最爱在台上开玩笑，但是不能拿政治形式、政策、法律、法规开玩笑，找包袱。不离政治是说，你要有政治水平。要在懂得各项政策、法规法律的基础上创编节目。节目中决不允许有违法乱纪之嫌。要知道什么该说，什么不能说！

　　我和朱大爷(朱相臣)合作的时候,因为一个包袱吵过一架。那是我们表演《批三国》,其中我有一个摇头晃脑的动作,此时朱大爷翻了一个包袱,吓出了我一身冷汗。我一晃脑袋,他本来应该说:"别晃啦,再晃泻黄啦。"可是朱大爷说:"你别晃啦,一个本儿才给两个。"他这么一说场内是一片掌声。那时正值三年困难时期,副食品都要本儿,什么鸡蛋、红糖、瓜子、糖果。尤其是鸡蛋最为紧俏,老百姓意见最大。在这个节骨眼儿上来这么一句,这不是找麻烦嘛!

　　下了场我和朱大爷就吵起来了,他根本没往心里去,还为这个现挂的包袱得意呢。我说:"您这个包袱吓出了我一身的冷汗,您这是煽动群众的不满情绪。"朱大爷满不在乎:"什么呀,这不过就是个现挂,没什么了不起。我要有这么大能耐,我就当总理啦!""您又来了!"当时我们是争论不休。

　　后来,我们俩还是为这个事写了检查。

　　台上说相声要严谨,要时刻注意,说错了话一定要缝上(圆上)。

　　有一回,我跟马志存使活,其中有这么几句话。

　　"你别看我胖,我这就要出国啦!"

　　"这位连脖子都没有还出国。"

　　"没脖子怎么啦?没听说出国办护照量脖子的。"

　　"你真出国?"

　　"啊,我明天就去香港。"

　　志存这句话肯定是没动脑子随意说出来的,香港明明是中国的。我顿时心里一惊,马上给缝上。

　　"就冲您这一句话,您就出不了国。去香港,那不叫出国,香港就是中国。"

　　我师父跟我说这事的时候非常严肃,他语重心长地跟我说:"什么时候在台上我们都要严谨,不能太随意,要严格要求。无论是在台上还是在台下,说话都要有底线。要明白,一句话能毁了你的前程。"

　　是啊,现在想来师父的嘱托多重要呀,要时刻挂在心上,每时每刻都不能忘记。一句话能引来负面效果,一失足便是千古恨。

三十七、"您岁数最大"

我师父是个通情达理的人。他拿徒弟当朋友，说话做事从来不强加于人，对待徒弟一视同仁，只是对大师哥赵伟洲总是网开一面，在我们师兄弟中，只有赵伟洲跟师父说话随便。伟洲是相声名家赵心敏先生的儿子，据说他在牙牙学语时不会叫爸爸先会叫师父。伟洲是门里出身，又是最早跟着师父的一个，是一个老资格的徒弟，懂得多、见得广，娃娃腿儿，从小长在相声园子里，受传统相声的熏陶，深得传统相声的精髓。伟洲善创作，什么《枯木开花》《小白牙》《超级明星》《帮你成才》《聘文书》等等都是出自他手。他的逗眼别有特色，包袱新、怪，使法独特。伟洲的捧眼更是独树一帜，曾获得CCTV相声大赛的最佳捧眼奖。伟洲师哥是相声界不可多得的人才。

师父的二徒弟武福星是长春的蔓儿，想当初也是东北的一杆大旗、一员大将。他的表演幽默、含蓄，刻画人物细腻，大有文眼的特色。武福星晚年和高秀敏表演小品，《包袱》《两个破烂王》等均大获成功，后因病退居二线，却带出了个高秀敏。

三徒弟吉马，四徒弟郭鑫，原来都是铁路职工，20世纪50年代末在湖南长沙拜师。二位师哥是相声在长沙生根开花的播种人。

我是师兄弟当中的老五。

六师弟黄韵成原是鞍山市曲艺团演员，后调入沈阳曲艺团。据我师父说，韵成追求文眼，很有表演天赋，可惜英年早逝。

七师弟苏世杰因为身体不佳，未能从事相声专业。

八师弟崔金泉曾任全总文工团说唱团团长，在第二届CCTV相声大赛中获一等奖。

九师弟宋德全在煤矿文工团和刘兰芳先生的儿子王钰搭档，创作了不少好作品，在北京和李金斗等人创建"东城周末相声俱乐部"，为相声艺术的传播推广做出了很大贡献。东城周末相声俱乐部曾为数十位相声作家出版专著，为数十位相声艺术家举办纪念活动。同时，东城周末相声俱乐部也是相声人相互切磋的平台，是相声人技艺交流的平台，是相声人在北京的家。德全师弟和金斗师哥等为搭建这个平台做出了不懈的努力。

十师弟赵宇，毕业于中国北方曲校创作班。他的父亲赵俊杰是北方曲校的副校长，跟我师父是十分要好的朋友，也是多年的老邻居。师父从艺六十周年的纪念活动，赵宇是主要策划者。赵宇在我们师兄弟中是个大才，创作了不少的好相声。杨义出道时的很多作品都是出自他手，什么《潇洒走一回》《学舞蹈》《夕阳红》《有这样一个人》《老板训话》等。近几年，他搞了不少公安题材的作品，受到好评。他曾经还和冯阳合作参加了CCTV相声大赛。那一年，赵宇的父亲突然离世，赵宇万分悲痛，师父安慰他，他一头磕在地上，说："我爹没啦，您就是我爹。我要拜您为师。"师父说："好，你这个徒弟儿子我认啦！"师父收了一个义子似的徒弟，赵宇也了却了一个心愿。电台的梁文逸当时在场，他用手机拍了一张照片发到了群里。

师父的关门弟子是个大企业家——苏连才，小苏从小喜爱相声，他的父亲是师父的粉丝，非常推崇师父，经常在家说起苏文茂相声作品，因此苏连才从小脑子里就有个说相声的苏文茂，心想长大了自己说相声就拜苏文茂,可一直没有机会接触师父。他是边说相声边搞生意,相声没说好,生意火了,买卖从小到大,公司从弱到强,现在是一个知名企业的大老板。可苏连才想拜苏文茂的梦始终没有实现。后来,苏连才认识了我的师弟崔金泉,便顺理成章地结识了师父。小苏提出来要拜师,可师父那会儿已经重病在身,师父说:"咱们做朋友,不要拜师,一你是企业家,又不说相声,只是个爱好,二我重病在身也教不了你啦!"可苏连才执意要拜师。于是,在天津总医院的病房里师父收下了最后一个徒弟,引、保、代师是魏文亮、王佩元、李伯祥,天津文联书记孙福海等参加了拜师仪式。

师父曾经跟我说过:"收了你们十一个徒弟我是如获至宝,你们在我心里的分量很重,你们十一个人是师父传承相声的弟子,是我的亲人,是我生命中不可分割的一部分,是我艺术生命的延续。关键时刻,徒弟是我最可信任的人。"

师父跟我说起了大师哥赵伟洲的事。

"文革"初期师父被打成文艺黑线人物,什么漏网右派、什么三名三高、什么封建门户的孝子贤孙,大帽子都扣到了师父的头上。有一次在中国大戏院批斗黑线人物,各个造反组织集聚中国大戏院后台,要把黑线人物一个个押到台上批斗。那时发明了喷气式押解,两个大小伙子押一个人,被押的人双手被弯到背后,就这么被扭着胳膊推上台。那一天师父是在劫难逃。造反派的头头指着师父说:"赵伟洲你押苏文茂。"伟洲看了看,说:"我不能押他,他是我师父。""什么师父,封建门户!""您是不知道,我从小不怕我爸爸,我怕他!我不能押。""那你还是不是我们组织里的人?"伟洲把红箍摘下来扔到地上说:"我不玩了行吗!"说完走出中国大戏院的后台。

那段时间,师父被隔离在家不许出门,在家交代问题,师父家的四周都有人看守。有一天夜已经很深啦,只听从师父家后院传来"咕咚"一声,有翻墙的声音,师父心想:"得,今夜又不好过啦。"他坐在屋里静静地等着。就听楼梯,咚咚,咚咚地响,是有人上楼来了。房门没锁,上来的人推门进屋,一件军大衣把来人裹得严严实实。师父正疑惑是谁,就听来人叫了一声"师父",师父吓了一跳,定睛一看是赵伟洲,师父问:"伟洲,你怎么来了?"伟洲二话没说从裹着的大衣里掏出一瓶"宁河大曲",又掏出一兜花生米愣生生地说:"师父,你可别死,现在是非正常时期,你该吃吃,该喝喝。陈亚楠跳墙子河啦,那是想不开,您可多保重。喝酒,就花生米。我待不住,让他们逮着饶不了我。"伟洲说完扭头走啦。师父望着伟洲的背影,又看看宁河大曲,百感交集!

患难中伟洲的这两件事师父跟我念叨了数十遍,在那个特殊时期能做到伟洲这样很不容易,我们师兄弟大都知道这个故事。

多少年来,师父对赵伟洲总是高看一眼,只有伟洲敢在师父面前造次。

北方片曲艺调演的时候,我们天南地北的徒弟在师父家聚了一次,那是非常难忘的一次。那天伟洲还砸了一挂,使了个大包袱。

我记得湖南的吉马是带着老伴儿和姑娘来的,郭鑫带着徒弟来的,伟洲带着媳妇来的,我、苏世杰也都带着媳妇,武福星带着徒弟来。虽然我们是师兄弟,但天南海北各一方,能够见面的机会很少。这次聚会是人最全的一次,师父和师娘非常高兴,我们大家互相介绍着自己的家属。吉马领着老伴儿走到伟洲媳妇跟前说:"这是伟洲师哥的夫人,你叫嫂子。"那个时候吉马和夫人都已经五十多岁啦,伟洲和他媳妇也就是三十来岁,吉马的夫人看着比自己小二十岁的伟洲媳妇，叫了一声"嫂子"，这声嫂子让妯娌俩都涨红了脸。这一幕正好让师父看见。

酒宴开始，大家给师父师娘敬酒，彼此寒暄，互致问候。酒过三巡，菜过五味，师父乐呵呵地说："今天我特别高兴，难得我们在天津一聚。你们都是我的徒弟，有的家属可是第一次见面，尤其女眷们之间更是难得见面，以后你们可要多亲多近。过去收徒弟大多数都在跟前，外埠的很少，家属相互也都认识，因为过去的家属门里人多，也知道相互怎么称呼。现在不同了，天南海北哪儿的人都有，各行各业的都有，称呼起来还有点不好意思。我刚才看见吉马的夫人喊伟洲夫人嫂子就有点不好意思。我看咱这样，你们谁岁数大就喊谁哥哥嫂子。"伟洲不乐意啦，他看了师父一眼说："那，您岁数最大啦！"一句话说得师父无言以对。大伙都笑了！

三十八、"你们俩要疯"

20世纪70年代末,我在没调到天津市曲艺团之前一直和我师父的大公子苏明杰搭伙。我那时候在南郊,明杰在天津消防当兵,我们俩算是票友,业余说相声。也就是从那时候,我开始了我的相声创作。我和苏明杰表演的《如此约会》《学唱大篷车》《寡妇年》等都是我创作的,当时我们的演出还火了一阵子。苏明杰表演《汾河湾》我量活,我使《如此约会》明杰量,师父让我们"打铁",相互捧逗。这种锻炼对一个相声演员很有必要。

我那时候家在南郊,晚上晚了回不去就住在师父家里。演出一般都是在晚上,夜里十一二点我们演出完回去,师父总是把夜宵准备好,一边听我们汇报演出情况,一边给我们说活,一边喝酒吃夜宵。那段时光我过得特别快乐。

那阵儿的演出费是每场每人两块钱。你可别小看这两块钱,那阵钱值钱着呐,一瓶啤酒才一毛八分,一瓶茅台酒才三块六。

有一次我和明杰从宁园演出完骑着自行车赶往世界里。北宁公园骑到成都道得半个多小时,那时候年轻也不知什么叫累。我们一鼓作气骑到成都道,刚一拐进去,一股炒菜的香味就飘过来了,这是成都道口小饭店里飘出来的香味,我们每天回家走到这儿都会闻到这诱人的香味。明杰停住车,腿跨在车梁上笑嘻嘻地对我说:"哥,咱今儿这儿撮一顿吧?"这,正合我意!

我们俩走进小饭店。吃饭的人很多,这个饭店是这周围唯一的一个二十四小时营业的饭店。虽然是夜里十一二点,饭店里依然坐得满满的。我和明杰找了个角落坐下。

这是个回民店儿,回民菜做得很是味儿。明杰假装内行,点起菜来胸有成竹:"老爆三、独面筋、黄焖牛肉、辣白菜,一瓶二锅头,两碗米饭,酸辣汤。"像报菜名一样点了菜。点完了菜,明杰潇洒地把往桌上一扔,又说了一句:"不够一会儿再点。"哎,腰里有四块钱,他愣冲阔佬儿。

我们哥儿俩酒足饭饱后推着车回到了世界里。

师父正叼着烟,守着饭菜坐在桌前。

我们俩一进门就被师父发现喝啦。"你们俩这是哪儿喝的?"明杰牛哄哄地把角儿:"回民。""花了多少钱?"我怯生地答:"两块多钱。"师父眨巴着眼说:"你们俩要疯啊!这才刚能挣钱就学会下馆子啦!"师父给我们一人盛了一碗馄饨,自己斟了一杯酒。半天没人说话,就听见屋里秃噜秃噜喝馄饨和吱吱喝酒的声音。我看了看师父,他皱着眉,好像在琢磨什么。我说:"师父,下回我们一定回家吃,不在外边吃了,您看,让您等着。""下一回馆子没什么,不要形成习惯,挣了钱就花,没计划不行,日子还长着呢!过去人们总说'艺人不富',没钱就挨着,有钱就造。你们可不能这么生活,你们是赶上了好社会,乱七八糟的东西都没了。过去,妓院、大烟馆遍地都是,一步走错就成千古恨。旧社会有多少艺人误入歧途,落了个沿街乞讨,生不如死,抽大烟死到街上都没人问。我怕呀,怕你们走错了路。"师父干下一杯酒,给我斟了一杯,说:"俊杰,你把这杯酒干了,我有话说。"我干了酒,看了看师父。师父用筷子敲了一下桌子说:"由今天开始,你们俩挣的钱我管着,花多少再找我要。我得管着你们,尤其俊杰,成家啦,家里有日子,不能太随意喽!"

从那以后我和明杰再没有去下过馆子，每天回家吃夜宵，夜宵的菜比以前丰富了许多，师父每天都特别高兴地等着我们回来。

记得那年的春节前，我要回南郊过年啦。师父把我叫到跟前，从抽屉里拿出个信封交给我说："这是你这些日子挣的八十六块钱，带着它回家吧。"

四十年前的那个春节我过得特别富裕，也特别开心。

今天我记起这件事的时候，想到了小蘑菇春节给我师父钱的那一幕，和这件事是何等相似。

三十九、追着徒弟过活

师父是我的伯乐，他从看见我的那天起他就认定我能说相声，能说好相声。

他能不顾一切、毫无保留地教我说相声，他曾经当着媒体的面公开说过："'文革'把我下放到南郊，留给我的都是痛苦的回忆，唯有一件事让我宽慰，这就是我在南郊收了个好徒弟。也算是我对相声的贡献。"师父在我身上下了大功夫。有一件事我印象很深。

师父在南郊下放的时候归文教办公室管，当时为了活跃职工的文化生活，每年都要搞职工文艺汇演。一到这个时候，他们下放干部便有了活干，文教办公室把这个活动交给他们搞。下放干部们对这项活动特别积极，因为他们终于可以干和自己有关系自己有兴趣的事啦。于是，在1972年，王允平和我师父共同创作了相声《打井记》。

我那个时候在津南电机厂，和津南小站木器厂的郭祥义合作说相声。郭祥义比我大十几岁，我喊他大哥。那时候我和郭祥义的相声在南郊小有名气，所以《打井记》的本子就交给了我们。师父在南郊文教办公室给我们辅导，大概排练了半个多月，基本可以达到演出水平啦。

师父当时对这个节目非常上心，对我更是关爱有加，给我做辅导他很兴奋，也很耐心。他常常跟张剑平说："这孩子不说相声可是亏啦，真是块好材料。"张剑老跟他开玩笑说："你别替古人担忧啦，你还没地方说去呢!""不让我说没关系,得让这孩子去说相声。"

那是个风雪交加的早晨,师父顶着漫天的大雪骑着一辆自行车到小站给我说活(排练)。

他的住处在北闸口,离小站差不多有十里地。这十里地,通常骑车也就是半个小时,可那天的这十里地,师父整整骑了三个小时,可以想见,这十里地根本不是在骑车,而是在风雪中挣扎,摔倒了爬起来继续前行。风雪弥漫中一个小老头儿,百十来斤,推着自行车,连滚带爬,吃尽苦头,就是为了给学生辅导节目。

那天,师父到我家的时候已经是十一点多钟了。我打开门一看,风雪中站着一个雪老头儿,浑身上下全是雪,脚下湿乎乎一片,泥水浸透了他的下半身,棉裤早已经被雪水浸透。我赶紧找了条棉裤给他换上,他脱下棉袄,穿上我的军大衣,我把他的棉衣放在炉子旁边烤上,一股潮气在炉子边上散开。师父坐在炉子旁边点着一支烟,抽了几口,又喝了一口我刚刚沏好的热茶,这才笑呵呵地说:"我算了算,我一共摔了十三个跟头。"我说:"这么大的雪您还来干嘛!摔坏了怎么得了!""我是不放心你的节目,马上就汇演啦,我想再给你说说。路上我摔跟头没关系,你台上要是栽了跟头,我可不露脸!"我当时心里真不是滋味儿,是感激?是心疼?是没想到?是……我说不清楚。

那天,师父住在了我家,晚上他喝了好多酒,说是要驱驱寒。

记得师父当年见小蘑菇时候是每天站在电台门口,望着小蘑菇来的方向等着他的出现,期盼着能见上一面。我可倒好,暖房热屋里等着风雪中挣扎着来教我说相声的师父。

149

四十、"我找苏文茂的侯老师"

侯大师病了,师父特别挂念,他说侯宝林是我们相声的领袖,是相声界的权威,是把相声净化、升华,让相声登上大雅之堂的旗手。

师父管侯宝林先生叫叔,可他们是同时代的人。侯宝林先生对我师父有过很高的评价,说师父是文哏相声的代表,是个真正懂相声,会说相声的人。

师父每次出行一定会带着我,可那一次他独自一人去了北京。

侯府门前师父叫门,"你找谁?""我找侯老师。""你找哪个侯老师?"师父犹豫了片刻,心想:"他们家侯老师太多,耀文、耀华都是侯老师,我得说准喽。"师父说:"我找苏文茂的侯老师!"

侯大师那时已经卧床,见到我师父他挣扎着坐起来,跟我师父握手。师父看到骨瘦如柴的侯大师哭了。"叔,我来看您啦!""好,我还是真想你。你来了好,有的说。我躺在床上老是想过去的事儿,真应了那句话啦,新事记不住,老事忘不了,你也要好好保重,咱们那个时代的人不多啦!死一个就少一个。""您别这么说,您这不是好好的嘛!""我不悲观,也不怕死,人生就是来这个世界上转一圈儿,看明白了就走啦。我们一辈子让人笑,我们也得笑着走,不然让人家瞧不起!""您想吃什么,我给您弄去,想见谁,我给您找去。今儿我给您买了点茶叶。四十年前您给我说活,我很感谢,当时您说不用谢,将来有了出息挣了钱,给您买二两好茶叶就行。我今儿买的可不是二两,我是买了一斤好茶叶。"侯大师乐啦,吩咐人沏上我师父买的茶叶,他要尝一尝。

我师父后来回忆说,那天侯大师说了很多关于相声如何发展,如何培养人才的话。大师对相声的发展很是担忧,怕走弯路,怕有些人把相声给霍霍喽。师父和侯大师的心是相通的,他们对相声的认识是一致的,他们的理想也是一样的。他们要相声有继承、有发展;要相声有文明、有文化;要相声有文学性;要相声写进文学史。

那天,师父和侯大师说了很长时间,侯大师也喝了我师父送去的茶,只有这两位老人能品出那茶的真正的味道。我师父说,他临走时侯大师说的一句话他记得最清楚,大师说:"文茂,不用担心,只要人们还用语言交流,还在说话,还需要笑声,相声就绝不了。"

四十一、"我先练练搓儿"

师父在八十岁的时候病了,病来得很快,先是一只眼睛看不见了,后来是脑梗,接着又查出肺结核旧病复发。

师父一只眼睛看不见的时候他还能走路。在天津眼科医院查明了病情,说是毛细血管堵塞造成失明,师父那时候还很乐观,他能非常通俗地介绍自己的病情。他的说法连大夫都赞同。

有一次大夫给我们介绍师父的病情,说的都是些医学术语,我们似懂非懂地听着,师父看着我们乐啦:"你们都没听懂,我懂啦,我的眼睛好比是手电筒,电筒里的反光碗儿(眼底)没问题,灯泡(瞳孔)没问题,就是没电啦,这算是线路故障。"大夫说:"对,苏老说的一点都没错,形象、准确,说得还比我简练。现在就是得打通堵塞血管,得支架!"

一只眼睛看不见师父还能忍受,可因此引起的头痛师父实在是顶不住啦!天津眼科医院有些为难,师父是高龄患者,年近八十,而且眼睛的血管离大脑最近,而且是极细的血管,在细细的血管里支架很容易引起血管破裂。他们又没有在这方面治疗的先例,不敢轻举妄动。大夫介绍说北京解放军总医院治这种病是权威,有些老干部得这种病的不少,他们做过几十例手术。

我的师弟宋德全联系了解放军总医院的专家,我们即刻去了北京。解放军总医院人满为患,要做手术得等三个月,可师父头痛难忍,哪等得了呀。专家鉴于师父的年龄和病情,决定第二天实施手术。当然,德全和他的朋友也下了大功夫,促成了此事。

当时医院没有病床,病人只能住在外边。解放军总医院在五棵松,中央电视台的宾馆"影视之家"就在五棵松,离医院很近,可"影视之家"只接待来央视录像的演员。我只好去碰碰运气。

央视的王晓导演非常热情,我说明来意后王晓导演非常果断地说:"开房,用几间房就开几间。苏老是老艺术家,为我们中央台做过贡献,吃住一切费用都算我们的。"干脆、利索!像他做节目一样充满了热情。时至今日我都感谢王晓导演。后来师父治好了眼睛真要感谢王导当时的大力帮助。那一夜能否休息好非常关键。

万事俱备就等手术啦,手术前专家的谈话着实把我吓得不轻。专家说:"手术不复杂,但位置危险,苏老年事已高,血管的承受能力不可预料。一旦出现不测,最轻的是双目失明。"好家伙,这是晴天霹雳啊。我们大家都很紧张。

师父是明白人,他知道大夫一定会把最危险的后果告诉家属,他再三地追问,我只好把专家的意思转达给他。

师父躺在床上,身上盖着个白单子,看上去好吓人。床被推到我跟前时师父摆了摆手,要停下来。我凑过去说:"师父,您想说什么?""小子,你得给我准备一件东西。""什么?""三弦儿,万一我有不测,我得练练搓儿(弹三弦的基本功)!"您听,都这时候了师父还没忘了抖包袱,相声演员都是笑着看世界的。

四十二、刷澡盆

师父爱看漫画，我常给他买些漫画书刊，他总是看了又看，一边看一边琢磨。他说："有些漫画不能配文字，配上文字就失去了魅力。把相声画成漫画一定不可乐，相声是通过我们的语言让观众产生形象思维。漫画是通过形象产生笑料。无声胜有声。"他说，"漫画是无声的相声。我们有些演员的表演借鉴了很多漫画，比如京剧小花脸的表演方法和造型；你看马三爷有时候的表演，动作也特别像漫画；英培有时候也有漫画式的动作。他们运用得恰到好处，很是生动活泼，能够增强感染力。"

师父说得有道理，我的《闭月羞花》就是根据几幅漫画编纂的。师父说他的《扔靴子》就有几分漫画的意味。《扔靴子》是根据电影导演谢添讲的故事改编的，他说谢添爱相声，给相声添了不少节目，《笑的晚会》就是谢添的创意。我们现在经常演出的《答非所问》也是来源于谢添给小蘑菇讲的笑话。

师父讲了一个谢添讲的故事。

美术学院的学生毕业了。老师出了一个题目，每人画一笔，成一幅画，要有幽默感。于是第一个学生画了一笔说："这是地。"

第二个学生加了一笔说是"天"。

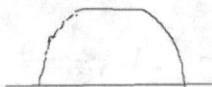

第三个学生加了一笔说是"山"。

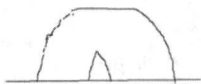

最后一个学生也加了几笔说是"太阳"。

几个学生请老师题个名字。老师笑了笑说:"你们毕业以后只能干这个啦!"于是老师在画布上题了三个字:"刷澡盆。"

四十三、师父叫我演相声

师父这一辈子赶上一个好量活的,那就是朱相臣朱大爷。师父说朱大爷是辅佐他成名,帮助他形成艺术风格的大贵人。在他和朱相臣的长期合作中形成了苏朱特有的艺术风格和他们独特的捧逗关系。

苏朱年龄相差二十岁,他们二位在台上,一个少年轻狂,一个老朽持重;一个锋芒毕露,一个老谋深算;一个张扬,一个沉稳;一个初生牛犊不怕虎,一个不露水不显山;一个卖弄学问、捉襟见肘、目中无人;一个欲擒故纵、鞭挞入骨、入木三分。在苏朱表演的节目中,无时无刻不在彰显着他们各自的性格。他们的相声是在演人物,无论是《论捧逗》,还是《批三国》《汾河湾》,师父在表演时以第一人称出现,演的是一个人物,一个活生生的人。一颦一笑、一举一动都是人物的需要,是人物性格的需要,绝无走出人物,出洋相、洒狗血的疯狂表现。

师父说他和朱大爷演出《论捧逗》中的激烈争论时,一位老观众走到台口劝架:"爷俩合作这么多年啦,别为谁捧谁逗掰了交情。"观众已经被他们俩真实的表演引入故事情境中去了,这是艺术的魅力。这让我想起电影表演艺术家陈强在边区出演《白毛女》里的黄世仁时差点被战士拔枪毙了的故事,也让我想起电视剧《不要和陌生人说话》的男一号演员冯远征在电梯里碰见女孩子把女孩吓得魂飞魄散的事,这都说明他们演得成功!

师父常跟我说："都说我们是说相声的,其实我们应该演相声。要分清你的每一块活是以第一人称出现,还是第二、第三人称。要准确恰当地把握准每个人物。你看马三爷,他的相声为什么那么让人爱看、爱听?他是在表演人物,无论是马大学问还是马大哈,都是马三立式的人物。马三爷在台上从来就没说过我马三立如何如何,都是人物在说话。马三立先生把那些很难赋予人物的节目想方设法地让它赋予在人物中。他是在讲故事、演人物,注重细节的描述和表演。所以,三爷的相声让人爱听、爱看,而且百听不厌、百看不烦。"

师父在世的时候不厌其烦地说着这个道理,使我慢慢懂得了相声的魅力所在,要说好相声演好相声谈何容易!把相声传承下去,传承什么、如何传承是我辈值得好好研究的课题。师父之说是他多年思考的结果。师父说的这些,很多相声的从业者未必研究过。相声艺术博大精深,越研究越觉得它深奥,越觉得自己欠缺很多。"学到知羞处,方知艺不高。"我要按着师父的教诲、指导逐渐地完善自己,把功夫用在演相声上,加强表演,深入刻画人物,不辜负师父生前对我的期望。以谢师恩。

四十四、武艳芳的遗物

我到师父家去的时候,师父家里有一个奶奶、一个姥姥。奶奶是师父的老娘,姥姥是我已故师娘武艳芳的老娘。我师娘武艳芳故去以后,姥姥哪儿也不去,就跟着我师父。师父下放到南郊也一直把奶奶、姥姥带在身边。

有一次,姥姥倒开水烫了脚,师父特别着急地把姥姥送进医院,师父一个人背着姥姥楼上楼下来回跑做各项检查。我赶到医院要替替师父,他却执意不肯,他背着姥姥笑着跟我说:"我这是替你师娘尽孝心。"

姥姥是河南人,个儿不高,很精神,穿戴总是非常整齐。她睡的小床铺也整理得特别干净,她手里总是拿着个小笤帚不断地扫她的床铺。通常她不愿意让别人坐她的床。

姥姥一口的河南口音,说话特别好听。可平时她很少说话,别人说话她总是极认真地听,绝不插言。

有一次我去师父家,她把我叫到她的小房间里,还要我坐在她的小床上,说是要跟我说几句话。这是我没想到的。姥姥拿出她的好茉莉花茶给我沏上一杯,她自己也沏了一杯,开始了我们的谈话。

姥姥跟我的第一句话就是:"我看你是个好孩子,有几句话跟你说说。你要记着。"我说:"您说,我听着呢。"姥姥喝了一口茶,眯着眼看着我说:"你师父是个好人,你跟他好好学艺,好好学他做

158

人。我跟他在一起几十年啦，对他很是了解。我闺女，就是你师娘，她故去以后我还有其他闺女，也有亲戚，他们都可以收留我。可你师父说我哪里也不能去，我的生活习惯别人不了解，很难生活在一起，我跟他在一起他才放心。这正合我的意思，我是哪里也不去，我就得跟着文茂，他不会亏待我。跟着你师父，他放心我也放心。你师娘走了，留下了一个小盒子。"姥姥小心翼翼地打开柜子，从里边拿出一个首饰盒，那是一个螺钿红木盒子，很漂亮。她把盒子放在我面前打开，映入我眼帘的是各色各样的项链、手镯、戒指，满满的一盒，分外耀眼，一看就知道是老物件儿。姥姥抚摸着那些贵重的首饰说："这是你师娘的存货，她活着的时候我不知道她有这么多首饰。你师娘走了以后你师父把这个首饰盒交给我，说这是艳芳的东西让我收着，我的其他姑娘，我的亲属都可以给一点，我可以自行处理，我说了算。我知道这些东西很值钱，文茂把它给我我不能接受。你师父说，我闺女的东西就是我的，我是再三推辞，你师父还是把东西给了我。这些年，你师父每个月都给我零花钱，在他最困难的时候也没有提过，没有一次提过这一盒的宝贝。你师父不贪财，分得清、行得正，我很是尊重他。"姥姥说着眼睛湿润了。我把茶递给她说："您说的这些我师父从没跟我说过。"姥姥端着茶杯说："你看这茶是文茂给我买的，几十年啦，不倒牌子，永远是正兴德的茉莉花茶。"姥姥喝了一口茶，脸上很得意。放下茶，她拿起她的小笤帚扫了几下床铺，笑着跟我说："我是老了，存在心里的话想找个人聊聊。我给你说说，我心里就痛快啦！好了，你喝茶吧。"姥姥把首饰盒子放进箱子里，还拍了拍箱子，回过头来又嘱咐我说："我跟你说的这事儿不要问你师父，你师父不让我说。"

师父不到四十岁就丧了妻子，可谓是名副其实的中年丧妻。那

159

时候他的生活很艰难,他有五个孩子,最大的当时才十几岁。有好
心人给他提亲,他唯一的条件就是没结过婚,结了婚也不准备要孩
子。我后来的师娘吴润清就是因为不想要孩子所以一直没结婚。她
跟我师父真算是有缘分。

　　我师父娶了后老伴儿,他和后老伴儿一起把几个孩子培养成
人,还给前妻的母亲养老送终。一个后老伴儿、一群与前妻的孩子、
一个前妻的母亲、一个自己的老娘在一起生活,这其中的甜酸苦辣
只有我师父自己知道。

四十五、师父不刷碗

　　我师父爱做饭不爱刷碗。我经常在师父家吃饭,我知道他的习惯,他只要看见一个没刷过的碗,一准儿把它推到他看不见的地方,那神情看上去怪怪的。我跟师父这么多年从来没见过他刷碗。有一次,我刷着碗问他:"我从来没看见您刷过碗。"他笑了笑说:"小时候刷碗刷怵啦。小时候我把一辈子该刷的碗都刷啦。"

　　他小时候在常家学徒。老常四爷(常连安)总是在家里请客,客人们酒足饭饱之后一个一个地走啦,留下满桌子的残羹剩菜和一大堆碟子、碗、筷子。那个时候也没什么洁洁灵、洗涤液,只有碱面。碱面、凉水,外加如山的家伙,他一刷就是半宿。他真的刷伤啦。

　　每当他说起这些的时候,我眼前仿佛闪出一幅画面。静静的深夜,厨房里灯光昏暗,碟子碗堆积如山,一个十三岁的孩子,小手冻得通红,呱啦呱啦地刷着碟子碗,不时地跺跺脚、搓搓手,睡眼蒙眬地望望那些油渍麻花的碗筷,跺跺脚、搓搓手又刷起来。天亮了,碗碟干干净净,被码放得整整齐齐,厨房的角落里蜷缩着一个已经睡熟的十三岁的孩子——我的师父。

四十六、师父是大厨

我师父苦日子过惯了,吃饭不讲究,更不奢侈。平日里他的下酒菜非常简单,五香花生米、干虾干、老虎菜,每顿饭都得有一碗炸辣椒。我每次去师父家都能吃到这些东西,这是我们爷俩下酒的菜,主食是小碗干炸酱外加抻条面。他的抻条面是抻一碗煮一碗。利利索索的面,酱香十足的干炸。我现在想起来都觉着好吃。那炸酱一半儿北京黄酱、一半儿天津甜面酱,先用小火炸透,再下炒熟了的肥瘦相间的肉丁,关火放味精。您尝一口,回味无穷!

和一个人待长了,你的生活习惯都有点像他,甚至是吃饭的口味,爱吃的菜肴都一样。我的很多饮食习惯就很像师父。您想,我得吃了师父多少顿饭才能养成这样的口味习惯啊!

炒菜做饭,我师父是一把好手,应该够一个大厨的级别。他的不炒色的苏式红烧肉百吃不腻,他的油焖大虾赛过登瀛楼。他的什么炖牛肉、水爆肚儿、干烧鱼,真是色香味俱全。但是这些菜他平时是不做的,只有逢年过节他才亮亮手艺。

我吃他炖的牛肉很上瘾。我买牛肉让他炖他说不行,说我不会买。他说:"炖牛肉第一步就是得买对了肉。"他买的是牛上脑、牛肋条、牛腩、牛胸口,肥瘦相间。做法其实很简单。牛肉买来洗净,锅里烧开水,水开后一把一把地下牛肉,下一把牛肉,等肉浮上来,打去沫子再下第二把,再打沫子。五斤牛肉得抓个十几次。打十几次的沫子。然后下料酒、桂皮、姜、葱、蒜,少许面酱、酱油,大火烧开后改小火炖两个小时,关火,加盐,加味精,出锅!天祥后门的手艺。吃他的牛肉口口香,您不留神能被撑死!他的水爆肚儿做法简单易学,肚丝洗净,烧开水,水花翻滚时加一小酒盅凉水,即刻下肚丝(少许),三秒钟捞出,嫩、脆、香,小料一蘸,我能吃一斤。

您别看他的艺术我没学到家,他厨房的手艺我可学会啦。

师父卧病在床两年,酒也戒啦、烟也戒啦,脑子也痴啦、反应也慢啦,说话不着边界啦!只有对饭菜的感觉和过去一样。

我在家里炖好了牛肉用保温桶装好给他送到床前,他吃了一口竟然非常正常地说了一句:"好,好手艺!"我用筷子蘸了一滴酒送进他的嘴里,他乐啦,乐得很开心,嘴里嘟囔着:"高度的!"我说:"您等着我给您爆肚儿去!"

热热的爆肚儿蘸着料送进他的嘴里,他一边嚼一边点头,师父吃了几口说:"你做的?"我说:"是,我做的。""跟谁学的?""跟您学的,把水烧开,浇一小酒盅凉水,三秒钟捞出。"师父看了看爆肚儿大声说:"没听说过!"

四十七、"别拿自己当嘛"

经过多年的努力,我在业务上有所长进,出了一本书《刘俊杰相声文选》,还参加了中央电视台的三次春节晚会,分别是1995年和赵炎出演《找毛病》,2001年和唐杰忠演出《串调沙家浜》,2004年和侯耀文等十二人出演《十二生肖大拜年》。师父非常高兴,说我给他露脸啦!

他常跟人说:"我的徒弟没有'嗨蔓儿'(大蔓儿),可都有本事,赵伟洲、武福星、黄蕴成、俊杰都是创作型的演员,能写能说,不容易。演员的能耐和蔓儿大小是两回事,有些假大蔓儿,台上一门没有,台下派头不小,忘了自己的身份。我们就是个说相声的,是老百姓的欢喜虫儿。相声这门艺术因百姓而生,无百姓就死。没有什么值得端架子的。"

有一次我和师父到饭店吃饭,观众把我们爷俩围起来了。师父非常热情地和观众握手,笑容始终挂在脸上。

吃着饭师父跟我说:"小子,你现在有点蔓儿啦,记着我的话,千万别拿自己当个嘛,别觉得了不起,你拿自己当嘛,别人不拿你当嘛,你嘛也不是,你拿自己不当嘛,别人拿你当嘛,你才是嘛。得知道自己是个嘛!"我说:"您说的这是绕口令,我给您来一遍。你拿自己当嘛,别人不拿你当嘛,你嘛也不是;你拿自己不当嘛,别人拿你当嘛,你才是嘛,得知道自己是个嘛!您来来这个?"我学了一遍师父的话,老头儿乐啦:"别贫,知道我说的是什么意思?""知道,要摆正自己的位置,要不骄不躁,正确认识自己""对,不能翘尾巴,夹起尾巴做人。别处处显示自己才能进步,别学杨少华酒桌上让菜。"我一听,酒桌让菜准有典故。"师父,杨少华酒桌让菜是怎么回事?"师父一说杨爷让菜的事可把我乐坏啦!

据传说,杨少华有钱了买了两枚金戒指戴在手上,想显摆显摆。

有一回大家聚会吃饭,杨爷想亮亮他的金戒指,可那天大家谁都没留意他的戒指。杨爷绷不住啦,这么大岁数给大伙让菜,就为让人看他的戒指。别人让菜手心朝上,杨爷手心朝下。"爷们儿,你吃这个。爷们儿,你吃这个。"他让了一圈儿,谁也没瞧他的戒指。杨爷又来一番儿:"爷们儿,你吃这个。爷们儿,你吃这个。"这回有人看见杨爷的戒指才知道杨爷让菜的用意,笑着跟杨爷说:"杨爷,您把菜都让给我们,您就吃那俩戒指吧!"

四十八、"要做学者型的相声演员"

　　师父文化不高，只上过三年私塾，可他老人家非常尊重读书人，爱和有学问的人交朋友。师父和曲艺理论家薛宝琨先生是最要好的朋友；和鼓词大家王允平、朱学颖先生吃喝不分。他经常请教这些文人学者，不断地完善自己，提高自己的理论水平和鉴赏水平。

　　师父对相声有他自己独到的看法，常使我非常惊讶。跟他聊天和跟其他老艺人聊天不同，其他老艺人说的都是从艺的经验和舞台实践的感悟，师父除了谈这些之外常有些认识让我肃然起敬，师父已经从一个旧艺人变成了一个学者。他对相声的认知、理解，他的品味、文化取向都从他的文哏相声中得到了最好的体现。

　　有一次我跟他聊天，他突然提起了斯坦尼斯拉夫斯基体系和布莱希特。我很惊愕，一个老艺人，一个说相声的老艺人谈斯坦尼、布莱希特，我还是第一次听说。我虽然也读过些斯坦尼，也知道体验派、表现派之类，但也只是一知半解，没研究过，只是囫囵吞枣。

　　当时我笑了，我说："师父，您还研究过这个？"老头儿说："我没那学问，我鼻子下有嘴，我可以问。""您问明白啦？""不能说明白，只是体会。"接着，他说了他的体会，我听了很受启发。

　　师父说："斯坦尼要演员深入角色、体验人物，要达到忘我的程度，就是说演员在台上把自己忘了，已经是剧中人啦，甚至下了台都没从人物中出来。他是这么要求的，实际这不大可能，如果说演到每个细节的时候有可能深入角色里、深入人物心里，进入了角色可能出不来是不可能的。刻画人物惟妙惟肖是可能的,那是我们常说的性格演员。"我说:"就是赵丹,演林则徐、演武训、演许云峰,一个钦差大臣、一个农民、一个地下党,不同历史背景、不同人物、不同身份演得都像。""对。斯坦尼要以演员为中心,最大限度地发挥演员的潜能。""那,布莱希特呢?""他是以导演为中心,导演让你怎么演你就怎么演。我听天津人艺的郑天庸先生说,跟张艺谋拍电影,一进组,张艺谋给了郑天庸一本张艺谋画的小人书,书里有郑天庸要拍的四十八个镜头的画面,告诉郑天庸就按小人书里的画面出演就行。这是典型的以导演为中心。布莱希特还有一个表现手法就是分割式的表演,同在一个时间段两组演员同时表演,不交流,你演你的我演我的。"我说:"这不新鲜,我们的传统戏就有。《空城计》里面的诸葛亮唱'我正在城楼观山景',诸葛亮演他的,城楼下的司马懿就在那儿站着,也不交流,也没反应。"师父一听一拍手说:"对,咱们早就有。"我说:"师父,您说了半天,这跟说相声有关系吗?""有啊,你看,斯坦尼是以演员为中心,布莱希特是以导演为中心。我们呢?"我愣了半天没回答出来。师父指着我说:"记住喽,相声是以观众为中心。他们是角色跟角色之间的交流,我们不是,我们是跟观众交流、互动,你说得天花乱坠,观众没反应等于没用。我们是和观众一起营造一个氛围,按薛宝琨先生的话说,这是场地文化的特色。"我被折服了,不住地点头,老头儿来精神啦,一拍桌子说:"我们讲究什么,每一段相声都得弄明白喽,哪个环节是捧逗之间的关系,哪个环节是逗哏的和观众的关系,哪个环节是捧哏的和观众的关系。弄不明白这个就说不好相声。"师父越说越来劲儿,"你看我们的国粹京剧,梅兰芳的表演体系也被世人认可。是什么特点?是个综合艺术,它是虚拟化的表演,它是程式化表演。我们相

167

声也是虚拟化的无实物表演，相声也是综合的艺术，相声包罗万象，内容丰富。我们和京剧最大的区别就是，没有程式化的表演。我们是因人而异，因观众而异，更具有灵活性。演《空城计》，台下一千人和台下一百人、十个人演法是一样的、调门是一样的、程式是一样的，相声不行，面对一千人、一百人、十个人演法绝不一样。"我说："师父，您知道得挺多，理解得也很透彻。""什么活，说不出个子丑寅卯来，敢穿两条腿的裤子。"我说："您说得挺明白的。""小子，记住，要说明白相声，不能说糊涂相声，为什么好多相声演员到了一定的水平就提高不上去了呢？就是缺乏认识，缺乏学习。要做有文化的相声演员，要做学者型的相声演员。"我跟老头儿聊到半夜，一点儿睡意都没有，老头儿把他对相声的认知，把他对相声演员的期望一股脑地说出来。

那天的聊天，师父让我茅塞顿开。

师娘 70 岁生日，携夫人贺薇给师娘祝寿，并与师父、师娘、王毓宝先生等在一起

四十九、灵前砸斜挂

相声演员砸挂成了一种生活习惯。无论什么场合，什么地点，有什么人在场，有挂必砸。老先生还有句话叫作"宁失江山，不失包袱"。这种习惯使得我们相声演员在生活中很开心、很快乐。

喜事砸挂喜上加喜。平常人这个日子口儿也有几句笑话，相声演员更是当仁不让。我参加过王爷的婚礼，哪位王爷，就是爱新觉罗·溥佐。溥佐在晚年娶了梅花大鼓艺人花小宝——史文秀。他们两个一个七十开外，一个年近古稀；一个是清朝的王爷，一个是曲艺名家；一个是早有此意，一个是早有此心，红线一牵，一拍即合。这个牵红线的不是外人，是我的小师妹，我师父的千金苏明娟。明娟会裱画，王爷爱画画，王爷的画苏明娟给裱，爷俩关系很好。史文秀，我们都叫她史姨，她就住在我师父楼下，与我师父关系也很好。那时史文秀守寡，溥佐是鳏夫一个，这正是，寡妇遇鳏夫欲嫁之，明娟一句话就成全了此事。参加婚礼的皇亲国戚自不必说，演艺界去的也都是大蔓儿，王毓宝、苏文茂、常宝霆，还有唱戏的李荣威、王玉磬等等，马三爷当然也在必请之列。喜宴开始啦，马三爷还没到，三爷政协有事儿，说是得晚到。回民的一桌不能开，开了桌，三爷来了就得吃剩的。有人说"开"，等三爷来了再给他上新的，回民桌开了，三爷来了。回民桌的老几位很客气："三爷，你看我们刚开桌，你不能吃我们剩的。一会儿给您单做。"三爷一句话把大伙都逗乐啦。三爷看了看溥佐，看了看史文秀大声说："吃剩的怕什么，你看王爷都吃剩的,我怎么啦?"溥佐史姨两个二婚,甚至三婚,可不都是剩的嘛!

喜事砸挂话过一点儿都没关系,可三爷说得恰到好处。

丧事上砸挂,三爷也是高手。那回是曲艺界给赵佩茹举行告别仪式,大家要瞻仰遗容。当时马三爷在队伍头一个儿,后边是常宝霆、苏文茂等,三爷走到赵佩茹的遗体前,因为遗体刚从冰柜里移到床上,所以赵佩茹头上还有水珠。三爷看了看说:"一辈子不知道'顶瓜',现在'顶瓜'啦!""顶瓜"是我们的行话,形容上台或是遇见大事儿会紧张、害怕、出汗。三爷这个包袱太可乐啦,可当时大伙全都忍着没乐,等出了火葬场,全体大乐。

我师父跟我说过刘文亨在侯宝林灵前砸挂的事。

侯大师去世的时候刘文亨已经坐轮椅了,但他执意要去吊唁。

刘文亨坐着轮椅来到灵前的时候大伙都愣了,他一定要站起来给侯大师行鞠躬礼,他那时已经跪不下了。文亨行完礼,大伙搀着他,有人说:"您先别坐,就在灵前咱们合个影。"文亨先生站好,瞪了瞪眼砸了一挂:"今儿个照相就别乐啦!"

我师父的丧事上砸挂的也不少。

魏文亮先生来了,哭得是死去活来:"哥哥,一路走好。什么都别惦记着,你的徒子徒孙都长起来了,您的事业有人继承,您就安心地走吧!"哭着哭着砸上挂啦,"师哥,到了那边儿给马三爷带好儿,给侯大师带好儿,给我师父带好儿,您记住喽,到那边儿别跟马志存合作,他跟你矫情账头儿。"

还是师胜杰有文化,说出话来到位:"哥哥,胜杰来了,给您磕头,咱哥儿俩有交情,您是师字辈的师哥,我敬重您,我想您呀!您是我们这一代的楷模。"说着哭了起来。

大伙把胜杰搀到屋外，有些粉丝要和胜杰照相。胜杰说："这场合就别照啦，这背景都是花圈呀。"粉丝执意要照，胜杰只好答应。胜杰是个爱砸挂的人，这会儿一个挂没有啦。我正疑惑，胜杰突然约我照相："俊杰，咱俩也照一个吧？"我说："咱俩照过这么多相呢，还照呀！"胜杰笑着说："你每次跟我照相都是洗了脸的，今儿个我想照一个你没洗脸的。"您想，我从医院守护到守灵，不得吃不得睡，也没工夫洗脸，此时是满眼呲巴糊脏兮兮的一张脸。胜杰一说这个我乐啦。我和他照了一张我没洗脸的相。

李伯祥来吊唁，进门就下跪，哭得一行鼻涕两行泪，嘴里念叨："又一个会说相声的走啦。师哥，一路走好，您是最会说相声的，您不该走啊，我心疼啊。"伯老哭得泣不成声。伟洲走过来搀着伯老，说出一句让伯老哭笑不得的话："起来吧您呐！别哭啦，他一走您就是老大啦。"（按辈分排行，我师父一走，李伯老就是掌门。）

那个场合谁敢乐呀！

与相声名家师胜杰合影

171

五十、"把金镯子卖了就不用剜菜啦"

师父反对在台上穿得花里胡哨，反对带着眼镜上台，更反对带着饰品上台。

有一次我穿红大褂上台，师父跟我说，红大褂太扎眼，一身红会影响你台上的表演。观众第一眼看到的是一片红，很难在短时间里注意你的脸。和观众的沟通得让观众把注意力集中在你的脸上，时间越短越好。我说："我经常录像，电视的三原色就是红绿蓝，红色更艳丽，录出像漂亮。"当时师父没说什么，但我知道他心里不赞成。

他经常跟我说，相声演员全凭一张脸、一张嘴、两只眼。舞台上摆放桌子也是为了让观众的视线更集中。大褂儿就是深色，黑的、蓝的、铁灰的，别的颜色影响表演，穿得花里胡哨的更不行，会搅乱观众的眼神。戴眼镜，第一反光，第二观众看不见演员的眼睛，影响表演效果。高英培、范振钰都是高度近视，但他们二位上台从来都不戴眼镜。范振钰说，他看台下的观众很模糊，可观众看他看得清楚，也亲切。戴着戒指、手串、项链上台更不行。抬手动脚会有一道道亮光，搅乱观众的视线，我们的相声包袱又娇气，一个字听不见就可能没有效果。

师父还极其反对穿着军装上台说相声，他说会影响表演。我们的相声表演是一人多角色，出来进去，一会儿张三一会儿李四。穿军装表演，如果节目中出现反面人物、中间人物，便无法表现。军装

172

是神圣的,穿着军装表演特务,表演得再效果好也会受影响。

师父说:"现在穿西装,穿中式上衣,观众认可,演员也认可了。这种装束不会影响表演,但我觉得还是不如长衫、大褂更民族、更潇洒、更规矩。常言说,二小穿大褂儿,规规矩矩。过去的郎中、教书的先生,都是穿长衫。长衫不张扬,是非常适中的一种装束,这种装束有一种身份在里面,也有一种传统在里面。民族文化要有点民族的特色。"

舞台上戏剧表演更是讲究穿衣、化妆、扮相;文的、武的;富贵的、贫穷的,一出场观众便一目了然。角色的身份很明显。

有一次,一个大角儿演王宝钏荒野挖菜,唱得凄凄惨惨,观众几乎落泪。这时,王宝钏卷起袖子挖菜,露出了里边的金镯子,这大镯子闪闪发光。一个眼尖的观众大喊一声:"你别哭了,你把镯子卖了就不用挖菜了。"一句话,场内哄堂大笑,这出戏整个给搅了。后边的戏演员把金镯子摘了,再上场观众又喊上了:"这娘儿们儿,明白人,真把镯子卖了!"你说这出戏还怎么演呢!

演员要尊重自己,更要尊重观众。衣食父母不是那么好伺候的!

五十一、"我真的还想再活五百年"

我四十多岁的时候有人要拜我为师，我没有答应，五十多岁的时候又有人提出拜师的事，我也没应。师傅知道这个事把我叫到家里跟我说起此事。

师父说："相声是由小到大，从事相声行业的人越来越多，这是个好现象。相声要传承要后继有人，薪火相传。说相声的是一家，没有派别之分，但是要有门儿，哪个门儿也不能后继无人。高元钧相声行里有门户，他是你师祖常连安的徒弟，相声门里他只有一个徒弟李立山。李立山拜师我去了，表示祝贺，不能让这个门儿里没有传承。将来田立禾先生收徒弟我支持，我一定去，尽管他的辈分高，也得收徒弟，不能让这枝儿断喽。魏文华收徒弟我一定去，她不能没徒弟，不能断了相声在她这枝儿的香火。我是你师爷小蘑菇艺术上的独生子，我收了十个徒弟。你的师哥师弟收的徒弟很少，你都快六十啦怎么不收徒弟？你师爷收我的时候才二十岁。你该收徒弟了，别让我这枝儿上欠收、减产，后人寥寥无几。"

六十岁以后我开了山门，一次收了十六个徒弟。王友儒（天津市曲艺团）、王铮鑫（天津南开文化宫）、冯阳（天津曲艺团）、张福（天津花儿传媒有限公司）、刘巍（香港）、许健（天津谦祥益相声俱乐部）、赵志彬（天津）、郑坤（天津陆军预备役高炮师政治部）、王迎（天津和平文化馆）、王超（深圳）、王东东（沈阳）、徐文龙（96201政治部演出队）、赵子龙（东亚银行天津分行）、谢志强（天津西青文化

2010 年 5 月 26 日，我喜收高徒 16 人，在天津电视台"鱼龙百戏"栏目录制收徒仪式

馆)、李超(央视综艺频道)、康云飞(天津西岸相声剧场)。拜师收徒的那一天，津京两地的相声艺术家都来啦，大概摆了 38 桌。行内的师爷、师叔、师哥、师弟们蜂拥而至，有些是我发了请柬的，有一些是闻讯而来的，大家真给我面子。拜师仪式搞得很大，一共搞了三场。第一场，天津电视台文艺频道《鱼龙百戏》录制播出拜师的全过程，李金斗、孟凡贵主持，师胜杰、李伯祥、常贵田、王谦祥等上台祝贺。天津的书法家唐云来、张建会、冉凡英、邵佩英等都送来墨宝，使我受宠若惊。书法家田蕴章先生为此次收徒书写了"有教无类"四个字。李嘉存先生送来大幅国画《事事如意》，我万分感谢。第二场在曲校旁边的礼堂，举行相声界的传统仪式——拜师摆知。第三场在中国大戏院。面对一千多名观众展示相声作为非物质文化遗产，其中传承方式的重要环节——拜师仪式。收徒仪式折腾了一周的时间。我师父从来没这么高兴过，师父真比他娶我师娘的时候都高兴。他是见人就笑，就握手，大厅里、剧场里，录制现场，时时都能听见他爽朗的笑声，他是太高兴啦。在现场他激动地说："我一辈子收了十个徒弟，这小子一次就收了十六个。我是我师父艺术上的独生子，我可以告知师父的在天之灵，我们这一枝儿，后继有人啦！相声的兴旺发达，是相声老前辈的愿望，我要看到相声辉煌的那一天。"说到激动之处他突然唱起来，"我真的还想再活五百年！"

五十二、"这小子是个角儿苗子"

　　我自小就有文艺细胞,这可能跟家庭的影响有关系,我妈是个京剧大票友儿,唱老生,杨派,唱得有滋有味儿,年轻的时候能扮上唱一出《四郎探母》,她扮演杨延昭。我舅舅幽默、好逗、心灵手巧,胡琴拉得特别好。从我记事的时候起,我们的大院里就经常开戏,尤其夏天,我一放学回家,我们家院里已经开了好几出戏啦。记得那会儿我才八九岁,我一进院儿舅舅就让我唱,那时候我就会唱"大队人马奔西城……"

　　后来我迷上了快板书,我的老师就是收音机里的李润杰先生。我们家没有收音机,我是在我们老师家里听入迷的,老师家里有《广播报》,播出李润老的快板书的时间都登在报上。所以一到播出时间,我就到老师家里听,一年多,我居然把《隐身草》学会了。我用嘴学着打板儿,小舌头十分灵活,我舅舅可能是怕我把舌头练坏了,花了八毛二分钱给我买了一副板儿,我居然就这么无师自通地练会啦。我是从家里唱到学校;从学校唱到剧场;从我的家乡小站唱到了南郊区;从南郊唱到了中国人民解放军北京军区空军文工团(红鹰)。我当上文艺兵啦!

　　记得当兵前的一个冬天,李润杰、常宝霆、王毓宝、韩俊卿等老艺术家到南郊慰问,我在南郊剧场的后台见到了李润杰。我给他唱了一段,润老特别高兴,问我叫什么。我说叫刘俊杰,润老更高兴啦,他同着所有的人大声说:"你叫刘俊杰,我叫李润杰,咱俩是大杰小杰。"我记得第二天的《今晚报》还登了消息:"小学生刘俊杰见到收音机里的老师李润杰。"李润老告诉我好好学习,初中毕业到曲艺团找他。

阴差阳错我没找到李润杰,最后归了苏文茂啦!

我从部队回到地方,回到家乡小站,那时恰巧我师父被下放到南郊,我们便有了见面的机会。从部队回来我当然是南郊的文艺骨干,经常搞业余演出,被下放到南郊的文艺界的老艺术家们就有机会看我们的演出。

有一次我演出了评书 (那时候叫革命故事)《妇女能顶半边天》。那是我跟河西文化馆的李庆良老师学的,演出效果非常好,演出完,文艺界的老师们到后台和大家见面。

唱评戏的陈佩华(小花玉兰)一把拉着我走到我师父跟前,瞪着一双笑眼说:"文茂,您收了这个徒弟,我看这小子是个角儿苗子,错不了!"师父是个不张扬的人,他很是矜持,不轻易表态。那天比较特殊,他笑着走到我面前说:"你愿意跟我学相声吗?"我高兴地回答:"我愿意。"那个时间点是 1971 年夏日。从此我便跟师父学了相声,才发生了我前面写的那些故事。

在南郊,师父给我量活我们一起使过《挖宝》《江青碰壁》《好司务长》《答非所问》《汾河湾》《对春联》《灯谜》《宁波话》等等。

师父是按着传统的方法口传心授,以师父带徒弟的方式教我,使我受益匪浅。我们师兄弟中我是跟师父时间最长的一个人,从1971 年一直到老爷子去世,我没离开过他。我应该是得到师父真传的人。

附录：刘俊杰部分相声作品

一、相声《炒作》

甲：说了多少年相声啦？

乙：二十多年啦。

甲：没红啊！

乙：我岁数小，干的年头儿少。

甲：杨少华岁数大。

乙：出名啦。

甲：是出了名了。72岁才出名，离坎儿才差一年。

乙：你什么意思？

甲：出名不能太晚。得早点出名。

乙：出名得看艺术成就，在观众中的影响。你想出名就出名，那可办不到。

甲：旧观念。听我的，准出名。

乙：其实，我在天津倒是有点名气。

甲：光在天津，你要到北京呢？

乙：知道我的少。

甲：你要到广西，南宁呢？

乙：那儿，没人认识我。

甲：死到台上都没人管吧。

179

乙:这叫什么话!

甲:知名度不够。听我的,保证让你家喻户晓。

乙:你给我好作品让我演。

甲:那没用。

乙:给我找老师让我深造。

甲:深造也不行。指着说相声成不了明星。

乙:那我用什么办法?

甲:什么办法?哎,你跟你媳妇关系怎么样?

乙:我们是恩爱夫妻,举案齐眉。

甲:成不了明星。

乙:怎么才能成明星?

甲:由今天起,一进家就找茬儿,骂大街:饭晚啦、茶凉啦、屋子乱啦,你是掀桌子、砸椅子,揪过你媳妇就打。说你媳妇外边勾搭人,你是至死不能当活王八。

乙:这是明星?这是疯子。

甲:废话,哪个明星不是疯子。

乙:我打完了呢?

甲:制造绯闻,不当王八。

乙:绯闻还能制造?

甲:明星的绯闻都是制造出来的。让大家都知道你的情况,知道的人越多越好。

乙:我哪儿说去?

甲:我给你找地方。

乙:哪儿?

甲:电视台。到了电视台你媳妇是不依不饶,你是痛哭流涕。找几个专家数落你,对你动之以情,晓之以理。把你弄得是狗血淋头,什么样儿的屎盆子都往你脑袋上扣。你是痛哭流涕,幡然醒悟,后悔莫及,你跟你媳妇重归于好。

乙:您等会儿,这跟我出名有什么关系?

甲:嗨,你什么脑子。你在茶馆说一个月的相声也就一万个人知道你吧。

乙:对。

甲:电视台把你的节目一播出,你的知名度马上攀升。

乙:电视台给播嘛?

甲:你打开电视看看,打架的、离婚的、第三者插足的、骂公公打婆婆的、虐待儿媳妇的,电视台都播。

乙:那我这节目一播出呢?

甲:你的节目一播出,火啦! 你一出门儿,都认识你。"哎,这不是打媳妇的那个人嘛?""对,就是那个人,当王八的那个!"你出名啦!

乙:是出名啦,人格可没啦。

甲:管那个干吗,只要出名就行啊。告诉你,知道武大郎的,准知道潘金莲,知道岳飞的,准知道秦桧。

乙:我得豁出去。

甲:起码天津、北京、河北、山东都知道你啦。

乙:那也行。

甲:这节目播一个月,不播啦,你的知名度就会下降。

乙:那我还得炒啊。

甲:对,还得炒。

乙:怎么炒?

甲：哎，你跟你妈关系怎么样？

乙：我，大孝子，孝顺。

甲：打明天起，不顺着你妈。你妈要找后老伴儿，你横加阻拦。

乙：我说——

甲：你等我说完喽。不许你妈化妆，不许你妈穿花衣服。那老头儿找你妈来，你把他骂出去！

乙：我说——

甲：把你妈锁屋里，一天不给饭吃，三天以后——

乙：你等会吧。我妈找后老伴儿？

甲：啊。

甲：我爸还活着那。

甲：那你甭管。

乙：没听说过。

甲：我知道你爸爸活着，这不就是为了炒作吗，你把舆论造出去，我联系好，你，奔电视台。

乙：我妈肯定不去。

甲：找个人去——魏文华不是闲着了嘛。

乙：让她去。

甲：对，到了电视台，你妈不依不饶，你是痛哭流涕。找几个专家数落你，对你动之以情，晓之以理。把你骂的是狗血淋头，什么样儿的屎盆子都往你脑袋上扣，你是痛哭流涕，幡然醒悟，后悔莫及。你妈把后老伴儿请出来。

乙：甭请，没有老伴儿。

甲：找一个，王文玉就干得了这个活儿。你妈跟后老伴儿相互拥抱，一曲《夫妻双双把家还》，把你妈、你后爹送出电视台。现场观众有推你的、有操你的；有骂你的、有啐你的。这个节目一播出，你都不敢出门啦。

乙：我要出门呢？

甲：十个狗啃你一个人！

乙：什么？

甲：十个狗仔队采访你一个人。你门口儿，里三层外三层，围得是水泄不通。电台的报社的，拍照的录像的，呵，出殡的都没你们家门口热闹。

乙：我出了名啦。

甲：天津、北京、河北、山东。你是跨黄河，过长江。名声大了去啦。

乙：那我就不在谦祥益干啦。

甲：不行。节目播出一个月，不播了，你的知名度又在下降。

乙：接着炒啊！

甲：想个办法让你一下红遍全国。

乙：怎么办？

甲：哎，你儿子多大啦？

乙：二十二，正上大学呢。

甲：合适，你把你儿子绑架喽。

乙：我绑架我儿子？

甲：对呀，为了出名你就得做出点儿牺牲。

乙：我怎么绑架？

甲：你找个黑秋裤套脑袋上，上边扎俩眼儿。

乙：我蒙面。

甲：对，你没看过电视剧，绑匪不都这样吗？

183

乙：我一个人也办不了啊。

甲：找几个帮忙的，找马志明，马志明有功夫，找上黄族民，他有力气。

乙：我们三人儿。

甲：还得找魏文亮，魏文亮能说，让他当内应。

乙：把我儿子骗出来。

甲：对，把你儿子骗出来，往汽车里一塞，给他蒙上眼罩。

乙：弄哪去？

甲：杨柳青租个民房，把你儿子往里一关。

乙：就成功啦？

甲：不行，让你儿子给你爸爸打电话，让你爸爸找你老丈人，你老丈人找你媳妇。

乙：干嘛？

甲：你们家里有多少存款。

乙：也就十来万块钱。

甲：你爸爸？

乙：有个三万两万的。

甲：你老丈人？

乙：有五万吧。

甲：让你儿子打电话，要二十万块钱。不给钱就撕票。

乙：撕票？

甲：不给钱，就把你儿子弄死。

乙：吓唬他们。

甲：这事惊动了学校、街道、公安局。街上无人不知无人不晓。街头巷尾议论纷纷。

乙：然后我去公安局自首。哎，电视台播嘛？

甲：电视台跟踪采访，你马志明、黄族民、魏文亮，从头讲述，怎么绑架的你儿子，怎么骗的钱，怎么被抓捕的。然后电视台一播。

乙：我就出了大名啦？

甲：你就进去啦！

二、相声《躲不开》

甲：相声是语言的艺术。

乙：是研究说话的。

甲：有的人说话让人爱听。

乙：顺耳儿。

甲：有人说话就别扭，让人不高兴。

乙：谁呀？

甲：我媳妇一句话得罪俩人儿。

乙：你媳妇说话是愣头磕脑的。

甲：他到我们家串门儿，临走，我媳妇给他拿了一兜苹果。"哎，把这苹果拿着吃去。"

乙：我不拿，您给老刘吃吧。

甲："给老刘吃？喂狗，也不给他吃！你，拿着吃去！"

乙：这客气话不如不说呐。

甲：一句话得罪俩人儿。

乙：是。

甲：其实熟人用不着客气。比如说，我要是扔给您一个苹果呢？

乙：我上去就是一口。

甲:您这是动物的本质。

乙:这叫什么话?

甲:你接过苹果不琢磨琢磨?

乙:那能琢磨出什么来?

甲:有人拿过苹果琢磨了半天,咬了一口发财啦!

乙:谁?

甲:乔布斯!

乙:对,IPAD!

甲:有人吃了一个苹果,怀孕了,说她偷吃禁果!

乙:您说的那是?

甲:夏娃。

乙:对。

甲:看着一个苹果从树上掉下来,牛顿发现万有引力。

乙:对。

甲:以后看见水果从树上掉下来,你得动动脑子。

乙:我也没遇见过。

甲:上次在海南,你看见椰子从树上掉下来?

乙:我还真没琢磨。

甲:琢磨不了啦,你脑震荡啦!

乙:砸脑袋上啦!

甲:比如说,我给你一筐苹果……

乙:你等会儿吧,你怎么跟苹果没完啦?

甲:我在苹果上倒的霉呀!

乙:怎么回事?

甲:那天,我媳妇给我打电话,说是要吃国光苹果,让我买国光苹果。

乙：那你得琢磨琢磨。

甲：不用琢磨，准是二胎啦！

乙：您好体格。

甲：下了班，我在单位门口儿买了十块钱国光苹果。我提着塑料袋走到我们家门口，出事啦。一个滑轱辘鞋的小孩儿把门口的苹果摊撞翻了，苹果四下乱滚撒了一地。我一看，帮他捡捡吧。

乙：助人为乐嘛。

甲：我帮他捡完码好，刚要走。卖苹果的把我拦住了："哥们儿，谢谢您，您帮忙，您这是学习雷锋。"

乙：给您帮忙。

甲：你助人为乐？

乙：举手之劳。

甲："您举手之劳，也不能拿走这么多苹果呀？"

乙：误会啦。

甲 "不，您误会啦。我这是……""拿着吃去。""不，你真误会了，这不是你的！这是我买的……""你买的？你那苹果是嘛品种？""光国。""你看我这儿，一色的国光。"我一看我的国光，和他的国光一模一样。

乙：寸啦。

甲："我这真是我刚买的。""别说啦，您帮我这么大忙，吃俩苹果算嘛！""你听我说……""别解释，越抹越黑。走您的！"

乙：这位还挺仗义。

甲：当时我可上脸儿啦。这叫什么事？我给人家帮个忙落个拿人家苹果。

我说:"那,那什么,您听我说……""说嘛,您别磨叨,大哥,拿走。这苹果我就当丢啦。"我们俩一矫情围着好几个人说什么的都有。

乙:都说什么?

甲:"这路人我见得多啦,这就是,救火撸手表,救人偷钱包!""这叫帮忙?这是黄鼠狼给鸡拜年——没安好心!""对,顺手牵羊!"我一听这话当时我僵那啦。

乙:那怎么办啊?

甲:我那什么……掌柜的,您给我称称(约约)!"

乙:称称(约约)?

甲:不就倒霉十块钱嘛。多一事不如少一事。

甲:"大哥,真给钱?那我给你称(约)啦。好,得啦,你还真会拿。不高不低,整十块钱的。"废话,我十块钱买的嘛!我花钱把我自己的苹果买回来啦。

乙:真窝囊。

甲:合着我花二十块钱买了十斤苹果。提了着苹果上楼,越想越别扭。到门口儿,一摁门铃,张大哥出来了。

乙:张大哥上你们家去啦?

甲:不是,我光琢磨事啦多上了一层楼。

乙:走错门了?

甲:"哎,您不是楼下住的吗。稀客,进来进来,有事呀?"

乙:你说走错门了?

甲:多栽面儿,这么大人不认识家。

乙:那你说什么?

甲:我说:"那嘛,我,我,我借榔头用用……"

乙：借榔头？

甲：也不知怎么啦，冲口就说借榔头。

乙：不知说什么啦。

甲："借榔头，修自行车。有，您这人，太客气啦，借榔头还给我拿苹果来干嘛！"

乙：以为你给他送苹果呐！

甲："不是，那个嘛，我这不，我旅游刚回来，那儿苹果便宜，我买的多，给大伙分分。这份是您的！"我亏心不亏心呐！

乙：苹果给老李啦？

甲：不给多栽面儿。

乙：你是太好面子。

甲：我拿着榔头下楼。

乙：干嘛去？

甲：买苹果去。我拿着榔头冲着水果摊儿就过去啦。卖水果的直往后退。"大哥，你这是干嘛呀？十块钱不值当的动榔头！"

乙：他误会啦。

甲："少废话，再给我称（约）十块钱的苹果。""啊，还买十块钱的，大哥，您买苹果怎么还分拨买？"我又给了他十块钱，买了苹果扭头就走，我花了三十块钱买了十块钱的苹果，我心里这个气呀！刚走到楼门口，又出事啦。

乙：又怎么啦？

甲：一漂亮姑娘正给自行车打气呢。

乙：你们门口儿有修自行车的？

甲：修车你可在那盯着。没人。那姑娘看见我手里拿着榔头，以为我是修自行车的呢。

乙：姑娘说什么了？

甲："师傅，您给我看看，我这车怎么打不进气去？"

乙：你给打吧。

甲：我正想出出气儿呢。"我给你打，我告诉你，你这车胎硬，这是新车，新胎。里胎硬，这里胎第一次打气就得把它撑开了。这里胎，撑开了，再打就好打了。我给你打完这里胎……""呼"！

乙：放炮了！

甲：车胎一放炮，卖苹果的跑过来了："哎，大哥你这没有啊，有事跟我说，别拿我闺女撒气。"

乙：他闺女。

甲"你这是干嘛呀？""干嘛，我给她打胎……"

乙：咳！

甲"你给谁打胎。""不，我给她打气儿！"

乙：对。

甲"你是修车的吗！""我没说我是修车的！""不修车，你拿着榔头干吗？""我拿着榔头买苹果！""拿着榔头买苹果，瞎话都不会编。你这路人我见得多啦，一见小姑娘，脸乐得跟包子一样，没话找话儿说，你都多大啦，你还玩这个！拿着榔头勾人儿。瞧您这道具。""这榔头，我根本就没用！""你没用我有用。"

乙：这是谁呀？

甲：修自行车的来了。

乙：噢。

甲"这一个礼拜丢了五把榔头。可逮着这你啦！"

乙：拿你当小偷了。

甲："这可不是我偷的！""不是你偷的谁偷的？偷苹果、偷榔头，打胎！小偷加流氓！"

乙：你活不了啦！

甲：围观的人越来越多。我提着榔头走不了啦，让大伙给围住啦。我提着榔头直转圈儿。有人说(女人)："留神，他可有暴力倾向！"

乙：你是跳到黄河洗不清啦！

甲：多一事不如少一事。我是躲了一件事，惹出了一堆事儿。

乙：该，谁让你老躲事呀。

甲：今天我是躲不开啦，我不能再纠结啦，我必须把这事说清楚了。

乙：还说得清吗！

甲：大伙先别闹，我把这事一五一十地给大伙说说，你们可别不信。今儿个，我媳妇要吃国光苹果，我下了班，给我媳妇买了十块钱的国光苹果。我走到这儿，他的国光苹果撒了一地。我提了着给我媳妇买的国光苹果，捡他掉在地下的国光苹果。我拣完了他地下的国光苹果，他看了看我给我媳妇买的国光苹果，他以为我给我媳妇买的国光苹果是他掉在地上的国光苹果。我给我媳妇买的国光苹果，不是他掉在地上的国光苹果。他以为我给我媳妇买的国光苹果就是他掉在地上的国光苹果。就因为我给我媳妇买的国光苹果和他掉在地上的国光苹果是一模一样的国光苹果，我给我媳妇买的国光苹果，是我媳妇她想吃国光—— 这倒霉娘儿们儿，吃梨多好啊！

乙：咳！

甲：我跟他解释不清。多一事不如少一事，为十块钱打起来多栽面儿。我就给了他十块钱。又买回来我给我媳妇买的国光苹果，您听着都新鲜，有自己花钱买自己的国光苹果的吗？这不是瞎编嘛，可我就买啦。我提着国光苹果上楼，我迷迷糊糊地走错门儿啦。

我上李大哥家去了，我说我借榔头，他说借榔头还拿国光苹果干吗，我就把国光苹果给了李大哥了。我自己都纳闷儿，我怎么能把国光给了李大哥呢，可我就是给啦。我又拿着榔头下楼买国光苹果，我等于花了三十块钱买了十块钱的国光苹果。您听着就跟瞎话一样，可就是这么回事。我买了国光苹果拿着榔头回家，她以为我是修车的，我给他打气儿，车胎爆了。我说我不会修车，他说我偷他榔头。今天的事儿前因后果就是这么回事。我可是一句瞎话都没说，你们大伙儿——信不信？

乙：我们不信。

甲：你们不信，连我都不信了。

三、相声《酒驾风波》

甲：您是相声演员。

乙：是。

甲：您快给我签个字。

乙：噢，您是追星族？

甲：不，我，收集遗书。

乙：遗书？我签字算遗书！

甲：你签就行啦。后事我办。

乙：您这是什么意思？

甲：你是不知道，我是专门追星，追了多少年啦。

乙：都追过谁？

甲：那些年我追唱歌的。有个叫张雨生的知道吗？

乙：知道。

甲：他给我签过字。

乙：张雨生死啦！

甲：哎，我有他的遗书。后来我追那个，牛振华。

乙：牛振华也死啦！

甲：我有他的遗书。我追洛桑。

乙：你是追一个死一个。

甲：对，你赶紧签字。我还得找田立禾呢！

乙：行啦，谁给你签字谁就完啦！

甲：那，不是我的过错。他们都死于非命。

乙：大都死于车祸。很多是酒驾出的事。

甲：你说，大明星、大蔓儿顷刻之间，撒手人寰。

乙：太可惜啦。

甲：大军事家巴顿。

乙：巴顿将军。

甲：死于车祸。超级漂亮姐黛安娜。

乙：王妃。

甲：车下身亡。哎呀，你说，这么多我崇拜的人都没啦。你倒活的好好的。

乙：我招你啦！

甲：你关心关心那些酒驾和违章的事。

乙：您看街上是天天查酒驾，纠违章。

甲：不过，现在人们守法的意识越来越强。

乙：对，酒驾的人越来越少。

甲：肯定少，真逮，真往局子里送啊。

乙：执法要严嘛。

甲：对，就应该这样。酒驾太害人啦，老百姓是深恶痛绝。前些日子，我们小区门口儿就因为酒驾还闹起来啦。

乙：怎么回事？

甲：晚上九点多钟，一个酒驾的司机开着车，一会儿快，一会儿慢，画着龙就开进我们小区啦。遛弯的孙大爷看见啦。"嗨，别开啦！停下来。您这是开车吗，金蛇狂舞。好家伙还摇头摆尾啦！你这是往哪开呀，再开就进女厕所啦！开着汽车偷窥，你可真有招儿！留神尿池子！""我加油。有九十三号的吗？""没有，有俩加号的。"

乙：您这验尿呐！

甲：孙大爷有点儿急啦。"停车。"那辆车"咔"的一声就停在孙大爷跟前。"兄弟，你还真能把车停住啦。说你啦。你怎么不言语？你下车！""我要是能下的去车，我，我是你儿子。""我没有你这样的儿子？""那，我是你兄弟！""我没有你这兄弟。""我是你大爷。"

乙：这叫什么话。

甲："这酒喝到人肚子里还是喝到狗肚子里啦？你嘴里吐不出象牙来？"那个哥们儿把车门一开喊起来了："象牙，象牙多贵呀，有象牙我也舍不得吐啊。你仔细看看我嘴里这是象牙嘛？这是金牙，纯金，四个九。"

乙：这位还真是醉啦。

甲：孙大爷一伸手把他从车上拽下来啦？"你这是喝了多少酒啊？""六个人三瓶酒。"

乙：六个人三瓶酒。

甲："有四个不会喝的。"

乙：呵！

甲："我可告诉你，酒驾是犯罪。你这是在犯罪。""你是交警啊！

你管得着吗！""今天我还就要管管你。我告诉你，我也是开车的，开车不许喝酒，喝酒就不能开车。我开了四十多车啦，你看我——哇！"

乙：您怎么啦？

甲：孙大爷吐啦。

乙：吐啦？

甲："我公休的时候才喝酒。"

甲：这位酒驾跟孙大爷一吵小区居民都出来了。你一言我一语地痛斥那位酒驾。

乙：应该。

甲：一位中年妇女指着酒驾喊上啦："你还嘴儿，电视你不看？报纸你不瞧？广播你不听？你知道你是怎么回事吗？你酒驾，你就是罪犯，你个过街的老鼠，你酒驾你就是老鼠。多少生命就因为酒驾，完了。你说还有比生命更重要的吗？你这是拿生命开玩笑！"

乙：这话说得对。

甲：那位酒驾还不服："我酒驾？你怎么知道我酒驾？""你不酒驾，你把汽车往厕所开？""我加油。""你加油，你再开就进了尿池子啦。你加油，你喝尿吧？"这位酒驾这时候有点醒酒啦："我是不是酒驾，你们说了不算。你们有仪器嘛。"

乙：喝得这样还要仪器。

甲：一个小伙子手里拿着"IPAD"挤进人群："我说，大哥。你的表现，是连形象带语言可都上网啦。网上支持孙大爷百分之百。我给你念几条。有人说办你、有人说揍你、有人说抽你、有人说啐你，有人说把你推到尿池子里。

乙：引起公愤啦。

甲："你们办不了我。没有交警,没门儿!""哥们儿,有点法律意识。还知道找警察,警察也是为老百姓办事的,警察也是伸张正义的。我已经报警啦,警察这就到。"就在这时候交警来了。酒驾一看交警乐啦。

乙:为什么?

甲:这交警他认识。"三哥,是您呐。您可来啦,就这帮人差点儿没把我吃喽。有人说我罪犯、有人说我老鼠!有人要揍我、有人要抽我、有人要啐我!还有人有要把我推到尿池子里。您可得给我做主。

乙:这是恶人先告状。交警说什么啦?

甲:"你们谁说的揍他?""我说的。""谁说的推他把他推到尿池子里?""我。""谁说的让他喝尿?"那个大姐走过去说:"喝点尿,让他清醒清醒!"

乙:对!

甲:交警拿出仪器。"来!"酒驾拿过仪器"喂,喂"喊了两声。

乙:这不是话筒你喂什么? 你感觉怎么样?

甲:"我心里就像是那……一把火。"

乙:唱上啦。

甲:交警拍了一下酒驾的肩膀。"别唱,吹。"酒驾吹了两下。"你这属于醉驾。跟我验血去吧。"交警说完跟酒驾小声地嘀咕了几句,酒驾乐啦。酒驾从兜里拿出烟递给了交警一颗。围观的群众你看看我我看看你,议论起来了。

乙:都议论什么?

甲"这怎么意思?""交警是他三哥。""看这意思俩人挺亲,是亲三分向。""不行,这得给我们一个交代。"

乙:对。

甲：孙大爷走了过去："哎，我说警察同志，这事儿就算完啦？""没完，这里有个特殊情况。""嘛情况，你表弟，我告诉你，我们老百姓可是依法办事。你可不能违法。"

乙：说得好！

甲：交警乐啦："会，我会依法办事，我说的情况特殊……""嘛特殊！又拍肩膀又递烟，是有点特殊。你知道你头上的戴的什么吗？国徽。""我是说……""别说啦。我就把今天的录像往电视台一放，就够你喝一壶的。我看你这马褂是不想穿了。"小交警乐啦："你们非得让我把实话说出来？""说实话，办实事儿。讲诚信。"

乙：应该说实话。

甲"今天这个酒驾是装的。""好嘛，都快开到尿池子里去啦，还装的。""大伙儿听我说。今天是我们电视剧的《酒驾》第一场戏。这是一位演员。"

乙：人家这是拍电视剧。

甲："好么。这事闹的。你再晚来一会儿，这小伙子就被开瓢儿啦。""不过通过今天的事儿说明，我天津市民法律意识民主意识很强，我们天津的市民是优秀的、是高素质的，是值得我学习的。谢谢大家，给我上了一堂课。"他说完当时是一片掌声。那个"IPAD"走过去拉着酒驾的手挺不好意思："哥们儿，你看这都上网啦，把您也给曝了光啦！"孙大爷走过去："我跟数落三孙子一样数落你半天，别往心里去！"那位老大姐一把抓住酒驾的手："兄弟，对不起，你看，你看，我差一点儿让你喝了尿。"

乙：嗨！

197

四、相声《没事儿找事儿》

甲：说实话，参加这场演出，谁给你办的？

乙：没人给我办呐！

甲：你没托过人？

乙：没有。

甲：你有亲戚？

乙：没有。

甲：你认干爹啦？

乙：谁呀！

甲：哦。我知道了，你媳妇使的美人计！

乙：你这什么乱七八糟的，我演出还得求人办呐！

甲：现如今，不求人，办的了事儿嘛。

乙：什么事儿求人呐。

甲：孩子上学、医院瞧病、买车买房、出国办证、入托养老、喜宴婚庆、死人火化、婴儿降生、减肥美容、找大夫变性！

乙：呵！

甲：从生到死，什么事都得求人办。不找人办不了！

乙：我还真没总结过。

甲：拿你来说吧，你孩子几岁？

乙：我没孩子。

甲：结婚几年？

乙：五年。

甲：五年没孩子，打算要孩子吗？

乙：打算要，我媳妇老怀不上。

甲：怀不上？行，我给你办。

乙：不用，这事儿，我自己办得了。

甲：你爸爸死了吗？

乙：这怎么说话呢！

甲：我预约，等死了我求人给办。刘文亨的事，我给办的，抬尸入殓，出殡火化，墓地入土，立碑写传，一条龙。范振钰我给办的，高英培我给办的，苏文茂我给办的，尹笑声——噢，还活着呐！

乙：活着您就办呐？

甲：没告诉你嘛，从落生到死，没有不求人的地方。

乙：哦。

甲：还说你吧，你媳妇不孕不育，是不是，得求人找个大夫？

乙：对。

甲：有了孩子，生的时候得求人找好医院吧。

乙：是。

甲：孩子生下来，入托儿所得求人吧？进幼儿园得求人吧？上小学得求人吧？升中学得求人吧？考大学得求人吧？大学毕业找工作还得求人吧？

乙：合着，我光剩求人啦。

甲：不光你，上自公司老板、土豪大款，下至平头百姓，没有一个不去求人的。求人办事已经成了惯例啦，办事就得求人。不信你问问在座的各位，我说的对吧？

乙：凡事必求人？

甲：现在是凡事必求人，不按规矩办，只有交易，没有底线，予人方便自己方便。世上无人不求人，无人不被他人求，你托我，我托你,张三求李四,李四托张三,托得百姓筋疲力尽,托得百姓两眼茫然,朋友们,这恶性循环什么时候才能完!

乙:您说的对。

甲:托人的人,觉得自己有人气儿、有路子,让人高看一眼。被托的人,说明有地位、有身份,能说说道道,摆得上台面,人前显贵,脸面好看。本来中国人最讲人情、亲情,最重礼尚往来,是个好传统,现在是只有交易没人情啦!

乙:我看如果大家都按规则办事,就能改变。

甲:是吗?最近我就遇见个事。把我鼻子都气歪啦。

乙:什么事?

甲:我远房一个二大爷,今年78。农村生活富裕啦,二大爷有钱啦,求我给找个高级养老院。

乙:农村空气多好啊。

甲:他下决心不在农村生活,有别墅他不住,有保姆他不用。

乙:二大爷为什么要住养老院?

甲:他说养老院的老太太多。

乙:啊?

甲:他说要过新生活。

乙:这很简单,跟敬老院联系办手续。

甲:你说得容易,你办办试试,敬老院没床。

乙:那等着呀。

甲:等着,我二大爷今年78啦,再等两年,我得托火葬场的人办啦!

乙:那怎么办?

甲:我有主意,我到了养老院把二大爷的有关手续办完,手续

200

放在养老院。这边儿我再去托人。

乙：双管齐下。

甲：万无一失呀。我先给我单位的周师傅打了个电话。

乙：周师傅跟养老院有关系？

甲：周师傅手眼通天，他舅舅就在民政局工作，民政局不是正管养老院嘛。

乙：那就打吧。

甲："是周师傅嘛？""我是，你是谁？""我是大俊。"

乙：大俊？

甲：我不是叫俊杰嘛，他们都管我叫大俊。

甲："（倒口）大俊，哪个大俊呀？"

乙："我，刘俊杰，大俊。"

甲："哦，俊杰大俊啊，吓我一跳，我的那个女闺蜜我就管她叫大俊。"

乙：老周还有闺蜜。

甲："我说说话嗓子见粗呢！有事呀？"

乙："我二大爷要去养老院，手续办啦，得等床。咱舅舅不是在民政局嘛，你看能不能托舅舅给办办？"

甲："这个事呀？好办，我舅舅正管啊。"

乙："那您费心啦。"

甲：你说要是不求人能行吗！人家周师傅不到十分钟就把电话打回来了。"是大俊嘛！"

乙："是呀？舅舅怎么说？"

甲："舅舅啊，他正管那！"

乙："我知道，能办吗？"

甲:"不凑巧呀,舅舅住院啦,别说办事,连我都不认得啦。"

乙:那就别麻烦人家啦。

甲:"大俊,你别着急呀,我有个妹妹,我妹妹的闺蜜是那个敬老院的保健大夫。我把你的电话给了我妹妹啦,她联系好了,给你回电话。"

乙:你就等电话吧。

甲:我等了一个多礼拜,老周的妹妹终于来电话啦。"喂,是大俊嘛?"

乙:"是"。

甲:"我是老周的妹妹。二大爷的事,我是想我的那个当保健医生的闺蜜给办。"

乙:"办得怎么样?"

甲:"不凑巧,我那个闺蜜嫁到奥地利去了。

乙:出国啦。

甲:"这才刚联系上。她都走了两年多啦,院里的老人都换啦。你别着急,她说他有个闺蜜在《老年报》,兴许她能跟养老院有联系。回头你等她的电话得啦。"

甲:《老年报》的来电话啦。(倒天津口)"是大俊嘛?"

乙:"是"。

甲:"我《老年报》,您那个事儿,还真有意思,老周托他妹妹,她妹妹托闺蜜,闺蜜又托我,其实,小事儿一段。您听我说,我们《老年报》是跟养老院有联系,可我管老干部局,您放心,这点小事老干部局哪个老领导出头也能摆平喽。"

乙:"那倒是。"

甲:"我认识的一位郭局,嘛大事都给人家办。他这些年给人家

202

办的事海了去啦。你这事儿,就不叫个事儿!"

乙:那就找郭局吧?

甲"我去啦。您猜怎么着?"

乙:郭局给办啦?

甲"郭局进去啦。不是无期,也得二十年。"

乙:那你托人给他办办吧!

甲"你别着急,我有个闺蜜……"

乙:你们都够诡秘的。

甲:"我这个闺蜜,她不能办事儿。"

乙:那你说他干吗?

甲:"别着急呀,我这个闺蜜,她有个闺蜜在文化局,唱歌的。她们老去养老院慰问,说有熟人。我联系好喽,让她给你回电话。"

乙:等吧。

甲:你说这个闺蜜找那个闺蜜,我托了这是多少人啦。

乙:是不少。

甲:那天我的电话来了:"喂,是大俊吗?"

乙:"是呀。"

甲:"俊哥,自打你结了婚,我就没给你打过电话。我这个闺蜜算是白当啦!"

乙:这是你的闺蜜!

甲:"可不是吗,咱好长时间没联系啦。你挺好吗?""挺好,真不好意思,我给你打电话是有个事儿求您。"

乙:她有事儿求你?

甲:这就叫人气儿,我不光求人,还有人求我呢。"有事您说,我托人给你办。"

乙：嘿。

甲："事儿倒是不大,你们单位不是有个老周吗？"

乙：对。

甲："老周的妹妹的闺蜜,她托她的闺蜜托《老年报》的记者的闺蜜,找到我,说他二大爷,要去养老院,你给办办呗！"

乙：好！

甲：瞎驴推磨转回来了。办来办去办到我这儿来了。

乙：这叫恶性循环。

甲："我办不了,你找别人吧！"我赶紧给我二大爷家打电话。告诉他们这事我办不了啦。

乙：实话实说。

甲：一打电话可急死我啦。

乙：怎么啦？

甲：二大爷离家出走啦。

乙：赶紧找去。

甲：我找了两天,最后在养老院找到二大爷啦了。我进门一看,二大爷正躺在席梦思床上看电视呐。

乙：已经到养老院啦。

甲：我说二大爷您什么时候来的？"我来了半了月啦。"

乙：谁给您办的？

甲："没人给办,养老院把我接我来的。"

乙：人家是按着正常手续办的。

甲：您说我这不是傻冒嘛！

乙：你是聪明反被聪明误。自找麻烦！

甲：我愿意找这个麻烦吗？我们小小老百姓一无权,二无钱。就得托人找门子，求人找路子。你问问大伙，这能怨我吗？

乙：我跟您说，你好好看看我们的演出。我们今天的演出就是告诉大家凡事按法律法规办。政府部门是服务老百姓的，谁不为老百姓服务，就让他下岗。只要是老百姓的事，不用托人就能办。

甲：哎哟，这种演出太好啦！我也想参加。

乙：好啊！

甲：哎，你给我办办呗！

乙：还办呐！

五、群口相声《审贪官》

王：反腐倡廉深得人心。

朱：苍蝇老虎一起打，老百姓拍手称快。

王：今天您就算来着了。待会儿我们把揪出来的贪官拉出来让您看看！

朱：从古至今都有贪腐现象，历朝历代也都有贪官。今天呀，咱就穿越时空，表演一段《审贪官》。

王：来呀，带贪官！

朱：您等会儿吧。咱是一块儿带呀，还是单个提溜啊？

王：我看他们都一样，一勺烩得了，带贪官！

朱："稀里哗啦、稀里哗啦、稀里哗啦！"

刘：这什么家伙点儿啊？

朱：您这儿蹚着镣呢。

刘：什么叫蹚着镣呢？

王：报上名来！

刘:我乃刘文步。

王:什么刘文步?你现在就是宋朝高俅。

刘:哦。合着给我扮上是让我演贪官!演可是演,我就演一会儿。

尹:嘿嘿,给他扮上敢情让他演大坏蛋!

王:住口!你报上名来!

尹:我乃尹笑声。

王:什么尹笑声。你是大明朝严嵩!

尹:哦。给我扮上是让我演大贪官啊!

刘:没一个好东西。

尹:演我就演一会儿。

王:就一会儿。

刘:闹这么热闹就审咱们俩啊?

朱:还一个呢!走!"稀里哗啦,稀里哗啦,稀里哗啦……"

李:匡切,匡——我乃李伯祥是也。

王:什么李伯祥?你现在就是大清朝和珅!

李:把我请来是让我演大老虎!我不演!

朱:就演一会儿。

李:躲开,待我亮靴底儿,捧朝珠蹬上大堂。

尹:您看人家还带朝珠,这朝珠多漂亮。

刘:哎呦。大红果呀。您尝尝,还酸的呢!

尹:我尝什么尝,你看那佛头。

刘:那佛头漂亮。

尹:哦,橘子啊!

李:放肆!敢吃我的佛头,敢吃我的朝珠!幸亏我的顶子——大个西红柿你们还没吃！来人呐,把这个献给法官吧！

朱:到这儿还行贿呢！

李:等会儿,让我演这坏蛋,他们两人看笑话。

王:他们俩也有任务呀。

李:什么任务？

王:一个演高俅,一个演严嵩。

李:这俩都是坏蛋、大奸臣！搁现在就是大老虎！

王:嗯。

李:大老虎你知道么？ 跟他们比,我就是那苍蝇,打老虎拍苍蝇。

刘:你那苍蝇也是绿豆蝇！

李:你们都是老虎我就是那苍蝇！

尹:你说这个人呢！下油锅还站锅边！我们俩是老虎,你是苍蝇？你也是那大老虎！

李:我是老虎？

尹:没错。

李:咱们三个都是老虎？

刘:都老虎。

李:那我有个要求。

刘:什么要求？

李:我是那公老虎。

尹、刘:我们是母老虎呀?！

王:(拍惊堂木)严肃点。跪下。

朱:这么大岁数就别跪了。

王:他还挺人性化！(拍惊堂木)高俅！

刘：在！

王：你从实招来！

刘：我乃宋朝高俅，高太尉高太尉说的就是我。跟您这么说，我是军中的二号人物。按现在的话说，我就是军委副主席、总参谋长。算是个正部级吧。

王：没问你这个。把你盖房子的事儿说一说。

刘：盖房子的事儿你知道啊。我盖房子可不光是自己住，卖了钱可全归我自个儿。

尹：给他盖房子他还不给工钱呢。连农民工的钱都欠，什么玩意儿啊？

王：严嵩，你少插话。

朱：交代你的罪行！

尹：我严嵩要比高俅的官大多了。我是内阁首辅，兼职吏部尚书。相当于现在的总理兼人事部长。

刘：这个老小子，贪污受贿、买官卖官。他罪大恶极！

王：高俅，少插话！

朱：说你呢！

王：和珅，从实招来！

李：我乃清朝乾隆皇帝的宠臣，是武英殿大学士、军机大臣、右中堂、九门提督。九门提督就是卫戍司令！告诉你们，我还兼任着户部尚书。就是管钱的。比如卖针的、卖线的、卖米的、卖面的、卖珠宝的、卖绸缎的，都得给我上贡呀。你别看我贪财、我枉法，可皇上爱我呀。因为我见了乾隆皇上点头哈腰的，乾隆给我起了个外号，叫洋蜡头。

王：你们仨人没一个好东西。高俅我来问你，你还有没交代的么？

刘：我，我除了盖房子没什么罪啊？

王：还没罪？

刘：没有。

王：他说他没罪。

尹：你没罪？他是出了名的奸臣！高俅、杨戬、蔡京、童贯那是四大奸臣，人人皆知！

王：揭发的好！

朱：高俅，你听见了吗！

刘：哎，我问你，我在宋朝，你在明朝，我跟你隔着 400 多年了。我的事儿你怎么知道的？要论辈的话，你是孙子。

尹：你是孙子！

刘：你是孙子！

李：你俩别吵吵了。人家说的对，你办的都是孙子的事儿。你说那皇帝没我富，这话是不是你说的？

尹：没错呀。这话是我说的。我说你怎么知道的。

李：我听见了。

尹：你听见了？你是清朝的，我是明朝的，咱俩相差 200 多年。你呀，你是那孙子。

李：我从网上查来的。

尹：从哪来的你也是孙子。

李：你们俩是孙子。

尹：你孙子。

李：你孙子。

王：怎么回事？

朱:报告,三孙子打起来了。

王:(拍惊堂木)嘟,我看你们是装孙子。高俅我来问你,你带兵不练兵,贻误国事,可有?

刘:有。跟您这么说吧,你刚才不是说盖房子的事儿吗?你不知道啊。因为我们家房子太窄啊,我们住着不行啊。不行怎么办啊,我就叫当兵的给我盖大的。

王:盖大的?盖完了以后呢?

刘:盖完了以后富裕了,我就给卖了。哪有功夫练兵啊!

王:你这叫以权谋私。再有我问你,你是不是有个儿子?

刘:有啊。

王:他叫?

刘:"高衙内"谁不知道啊!

王:这小子就是一个典型的流氓,无恶不作。他调戏这林娘子怎么回事儿?说!

刘:哎呀,别提了。我倒霉倒我这儿子身上了。电视剧你们没看见过,天下这么多美女他都不要,非要林冲他媳妇儿不可,他一要不要紧,把个林冲逼得造反了。这都是说书唱戏编的,并无此事。

王:高俅,你养兵不练兵,军士不习武。开封几十万禁军,让你毁得土崩瓦解此事可有?

尹:敌军打来的时候,高俅他们是屁滚尿流啊!

王:严嵩住口!你是不是说过,朝廷没我富?

尹:这我捯捯啊!

王:你还捯捯。你说朝廷没你富啊?你到底富到什么程度啊?

尹:我不就是比朝廷银子多点。

王:还多点?

210

尹：比朝廷金子多点。

王：金库银库？

尹：嗯。

王：你也有个儿子,对吗？

尹：嗯对,是有个儿子。

王：他叫什么？

尹：他也姓严。

王：废话。

尹：怕你不清楚嘛。他叫严世蕃。

王：嗯。

尹：他没什么,他没罪。

王：还没罪啊？

尹：他就是啊,协助我啊,干点活。

朱：协助你啊？ 真会找好词儿说！

王：知道背后叫你们什么吗？

尹：啊？

王：管你叫大丞相,管你儿子叫小丞相。我再问你,你们家把金子铸成小金人儿,有么？

尹：就是那金子多了没地儿搁啊。拿金子啊,浇铸裸体美人儿。您瞧咱这品位！ 你没看见,好看极了！

刘：还好看啦？

尹：就跟他这模样似的。

刘：有我什么事儿啊。

王：(拍惊堂木)住口。

朱：你两人哪这么多废话啊？

李:审了半天没我什么事儿。

朱:你这事儿太大了。

王:你是买官卖官,有这事儿没有?

李:有啊。

王:怎么回事儿?从实招来!

李:你不知道啊?

王:说。

李:你不知道呀?我这一说你就知道了么。话不说不知……我就给你举个例子,举个例子就是打个比方……我说这些话你都明白了吗?

王:这都什么乱七八糟的?

李:还不明白呐?

王:一句整话没说啊。

李:我说得够清楚的了。

王:够清楚的了?我问你,议罪银,这事儿你知道吗。

李:议罪银啊,议罪银是这样儿……这晴空不下雨啊,百里不刮风……

朱:又来了!

李:你没问我议罪银的事儿啊。

王:我告诉你,你这议罪银谁都知道。你包庇贪官、赃官,死罪改活罪,重罪改轻罪,有这事儿没有?

李:你刚才问我买官卖官啊。

王:买官卖官更清楚啦!一个通判,给你多少银子?

李:那……三百两。

王:要是升通州呢?

李：五百两。

王：据我们了解，有个刑部主事，他叫项治元，他要升职，给了你多少银子啊？

李：找他要少了。才一万六千两。八折。

王：还少呐？一万六千两啊？

李：他官大啊！

王：官大？朋友们，过去的一两银子折合现在是二百一十块人民币，你那一万六千两，合成几百万啊？

李：好算啊。他是这样啊。一五一，二五二……好些个钱呐！

刘：我跟您说法官，这大清朝就毁在他身上了。

尹：大宋朝没你还倒不了霉呢！

李：你就是大明朝的奸党！

刘：你贪污腐败！

尹：你祸国殃民！

李：你是贪官误国！

合：你误国！你误国！

王：(拍惊堂木)住口，少耍贫嘴！本人现在开始法庭宣判。高俅先从你这说。你身为宋朝军机大臣只图个人享受，不顾国家安危，致使北宋灭亡于你手啊！严嵩，你身为国家首辅，贪腐成性，与你儿子并称大丞相小丞相，欺上瞒下，作恶多端，导致明朝从此衰落。和珅，乾隆盛世毁于你手！你们三个都使当时的盛世日益衰落，致使后来的灭亡！你们就是贪腐亡国的典型！你们的罪恶就是贪污罪、受贿罪、滥用职权罪、玩忽职守罪、分裂国家罪……你们罪恶滔天，罪责难容！本庭宣判——

朱：一律枪毙！

李：你刚才说不就演一会儿吗？

刘：对呀。

主：枪毙，就一会儿！

王：毙了再说！

朱：拉出去！

李、尹、刘：不演了！

（此作品由王佩元、朱永义、刘文步、尹笑声、李伯祥出演）

六、相声《办影展》

甲（倒口）我可逮着你啦！

乙：逮着我啦？

甲：不，我可找着你啦。

乙：您找我干嘛？

甲：你不是搞策反的吗？

乙：策反？

甲：不，你不是搞策划的吗。

乙：吓我一跳。您是？

甲：我是我们村的村长，董事长。董事长村长。

乙：您到底是村长还是董事长？

甲：我刚喝了酒。话没说清楚。

乙：您慢慢说。您到底是村长还是董事长啊？

甲：我是村长，我要不是村长，就当不了董事长！当不了董事长，村长还坐得稳吗！

乙：我明白啦。村里、公司您一个人说了算。

214

甲：你这就要快挨打啦。

乙：挨打？

甲：像你这样的策划我打跑了好几拨啦。你怎么听不明白我的话呢？

乙：我说什么啦？

甲：你说，村里公司里我一个人说了算。

乙：对呀。

甲：对什么！我们有班子，有董事。

乙：集体领导。

甲：也没有外人，班子里有我叔、有我侄子、有我二姨、有我舅舅。

乙：这都是董事？

甲：也有不懂事儿的。

乙：你是董事长？

甲：说是董事长，什么事你都得自己安排。几点起床，几点吃饭，几点喝水，几点小便，出门穿什么衣服，中午去哪个饭店，下午开什么会，开会签什么文件，散会找谁谈话，谈话多长时间，晚上约哪个领导，订多钱的酒宴，喝完酒，是找小敏还是找小倩。一天到晚的事都得自己安排。

乙：您就是大内总管，跟李莲英一个级别。

甲：我比李莲英健全。

乙：您够有本事的。

甲：也有遇到难题的时候。

乙：什么事还能难住您啊？

甲：眼下这个事就不好办。

乙：您说说什么事啊！

甲：我……我尿炕。

乙：尿炕？

甲：不是，照相。

乙：照相怎么说成尿炕？

甲：为照相的事急得我要尿炕。找到你就行啦。

乙：我把着你呀？

甲：把着我干什么。你一来，我就不着急啦。

乙：您说说你的要求？

甲：我们公司成立 10 周年，我得办个摄影展。

乙：说了半天就是办影展啊，这个事交给我没错。

甲：别说大话，办好了大大奖励，办不好啊，下半生你就不能自理啦。

乙：你还真打呀？

甲：上回来的那两拨，都是挂着拐走的。

乙：我得小心点。您说说，给您照什么样的相？

甲：又好看、又气派，男看了不烦、女人看了喜欢。

乙：行，我先给您照。董事长您是有身份的人，得照出点艺术味？

甲：艺术不艺术的我不管，是那个意思就行。

乙：您看这样行吗。您身穿西装，一只手叉着腰，另一只手高高抬起，眼睛看着手腕儿上的手表。下面配一行字："时间就是金钱，时间就是生命。"行吗？

甲：你快挨打啦。手表不能照。

乙：表怎么了？

甲：劳力士。劳儿，懂吧，隔壁村的张总，就是因为戴了这个劳力士手表。顺蔓摸瓜，被查出来的，进去啦。戴着这个劳儿，他进了那个牢啦。

乙：噢，戴表的不能拍。那，我设计一个您坐在办公桌前，一手拿着报纸，一手夹着香烟，在思考，下面配上一行小字，"运筹帷幄"。

甲：你这一棍子就算挨上啦。

乙：怎么啦？

甲：不能夹着烟，旁边村的王总，就是从烟入手，被查出的问题。进去啦，就是因为这个烟，他现在都快被阉啦。我这个烟比他抽得还好啦，不吉利。

乙：你容我再策划策划。

甲：来人呐，拿棍子去。

乙：你别真打呀！

甲：你没主意上我这来干嘛呀。

乙：您别着急，我结合您们村里的特点设计一个。看这样行吗？

甲：你说说。

乙：您站在青山峻岭之上，一只手，扶着您村里的那棵百年的古树，一只手，手搭凉棚向远方眺望，这叫"高瞻远瞩"，怎么样？

甲：来人，叫木器厂送副拐来。

乙：要砸折我的腿呀！

甲：千年古树，砍啦，给女秘书打了双人床啦。这个古树不能提。

乙：这样，您站在祖辈留下的老宅门前，手搭着门环，眼望着角楼，这叫，"回顾历史，展望未来"！

甲:我这就给你一棍子。

乙:怎么啦？

甲:那些古建筑都运到国外去啦!

乙:您把非物质文化遗产的古建筑卖了。

甲:人家凭什么送给我劳力士表呀？不拆老宅,我怎么住别墅呀？

乙:您看这样行吗？您头戴草帽,身穿便装,站在田间,扶着收割机,满脸堆笑。下面配一行小字:"科技兴农,利在千秋。"

甲:来人呐。把他打出去!

乙:又怎么了？

甲:你这是揭我的短呐。那千亩良田都修了高尔夫球场啦。

乙:您一个董事长把国家的资源就这么给卖了？

甲:不卖地,我集团公司的资金你给呀。

乙:没庄稼我怎么照啊？

甲:你照高尔夫球场局部的小草,写上"科技兴农,利在千秋",不是一样吗!

乙:照片上没有庄稼呀？

甲:那个小草跟麦苗照出来分不清。搞策划你得学会变通,我这些年就指着变通活着。

乙:别糟蹋这词,什么变通,你的手表是卖古建筑人家送的;你的别墅是拿古建筑换的;你的公司资金是千亩良田变的。

甲:对啦。

乙:我明白,照片里这些背景都得躲着点,拍出您的政绩,还得不露马脚。

甲:你懂我。你把我干的事都弄明白啦。

乙:我弄明白我就知道怎么办啦。

甲:怎么办？你是搞策划的？

乙:对呀。

甲:我听你这话头儿像纪委的。

乙:这回我给您策划的保证您满意。

甲:你说说怎么照？

乙:这回咱们不照您单人像,咱们照合影。您跟您老婆照一张？

甲:离婚啦。

乙:跟您儿子照？

甲:判刑啦。

乙:跟您的领导照一张？

甲:双规了。

乙:跟您秘书照一张？

甲:怀孕了。

乙:您容我想想。

甲:来人呐,拿棍子去。

乙:您别打呀!

甲:到底怎么照？

乙:这回咱不找别人照,我给您弄个 pose。

甲:给我弄个 pose？外国娘们儿我不要。

乙:什么呀？摆个姿势!拍一张彩色照片。挂在一进村的门楼子上,周围布满鲜花,大伙儿进村给您鞠躬,高唱《今天是个好日子》,这代表着老百姓的心声,您看怎么样？

甲:挂上相片儿,摆上鲜花,给我鞠躬。

乙:对!

甲：我这是死啦！

乙：你呀，早就该死啦！

（此作品与史东方先生合作）

七、群口快板《反腐新歌》

（竹板 玉子板撒拉机 ）

（ 演唱快板，玉子板的演员上。）

甲：打起了竹板儿我先讲，

反腐倡廉，这个晚会我开场。

乙：打起了竹板儿我先说，

反腐倡廉，我比你知道的故事多。

甲：反腐败，得民心，

老百姓打开电视看新闻。

《新闻联播》，收视率一天更比一天高，

反腐败，老百姓人人称赞，各个叫好。

我在反腐第一线，

很多事情我亲眼见。

乙：廉政建设得民心，

百姓个个看得真。

廉政的故事我知道，

我们天天都看报，

您到街面儿瞧一瞧，

到处都是新面貌。

（撒拉机上）

丙：打竹板儿，进街来

一街两厢好买卖。

又有买，又有卖。

又有幌子和招牌，

金招牌，银招牌，

哩哩拉拉挂起来。

（耍板儿）

甲：叫先生你先别说，

看一看，是什么晚会，您再开活。

乙：今天晚会，反腐倡廉是主题。

少敲你那个撒拉机。

丙：叫先生，您别着急，

我唱的内容没离题。

甲：就打竹板进街来，

一街两厢好买卖？

这个内容，有点离题儿，

反腐倡廉得说新词儿。

丙：廉政建设，惠民务实，把方便之门来打开。

迎来了，这一街两厢好买卖。

乙：嘿！你是借着老调儿唱新词儿，

也算是新翻杨柳枝儿。

甲：您别在这儿唱高调儿，

廉政的故事，到底知道不知道？

丙：我说件小事你们听，

包你心亮眼又明。

乙:什么事情你快点说,

您的废话有点儿多。

丙:我开了个小店办执照,

廉政的好处体会到。

那天我到,办事大厅,

公务员,出来把我迎,

态度和蔼,满面春风。

我说明了情况,她点了点头。

说出话来,甜甜美美就像蜂蜜加香油。

她教我怎么签字怎么填表,

还领我拍了一张免冠照。

她拿着申请去盖章,

两个窗口来回忙,

一个小时还不到,

我就领到了,营业执照。

甲:办事的效率这么高,

莫非他们有高招。

丙:各部门联合来办公,

老百姓办事很轻松。

乙:廉政为民讲实效,

过去这可办不到。

甲:过去办事进机关,

门难进,事难办,

弄不好给你脸子看。

乙:怎么也得摆两桌,

拜完大哥,拜二哥。

丙:写申请,报材料,

能盖上公章,可不得了。

找熟人,托门子,

挖空心思找路子,

糕点盒里塞票子,

拿公章的像老子,

来盖章的像孙子。

一圈一圈红印子

公章盖的就像拔罐子。

甲:开买卖,办执照,

各个部门来回跑,

跑断了腿,累折了腰,

一年你都办不了。

丙:看今天,廉政放权新思路,

政府为人民来服务。

乙:这个故事还不错,

深化改革有收获。

我说个故事,你听着。

曲折诡秘,惊心动魄。

甲:别卖关子,别找辙,

是什么故事快点说。

(打板儿)

乙:闲言碎语不要讲,

表一表好汉武二郎。

那武松,学拳到过少林寺,

功夫练到八年上。

……

甲:哎,叫先生,你先别唱,

说反腐,你干吗说起武二郎?

乙:景阳冈上的二武松,

为民除害,大英雄。

现如今,我们苍蝇老虎一起打,

比二哥来得可凶猛。

丙:他跟我学的一个套路。

借着武松说反腐。

乙:让我说,我就说,

今天我说说你二哥。

丙:听说他二哥是科长,

在科里他把大权掌。

甲:我二哥,很廉正,

甭打算给他把礼送。

不喝酒不抽烟,

从来不把架子端。

乙:听说他最近做了梦,

被上帝打了乌眼青。

甲:你别在这儿,胡说八道,

他的(那个)梦境我知道。

丙:这梦境一定很神奇,

你怎么不敢把他提。

甲：梦中的情节很奇怪，

像是要把二哥害。

乙：害不害的就是个梦，

你说将出来（我们）听听。

甲：我们要说反腐倡廉，

二哥的事情以后谈。

丙：看来大伙得鼓鼓掌，

您不鼓掌他不讲。

乙：对，大伙给他鼓鼓掌，

讲讲他二哥梦黄粱。

甲：我二哥，梦见自己一命亡，

魂牵梦绕，奔了他乡。

丙：死啦！

甲：迷迷糊糊见了上帝，

上帝跟他很和气。

乙：还是个外国梦！

甲：上帝说：你的情况我知道，

你在人世阳间很厚道，

来世有什么要求跟我谈，

我保你，三个愿望得实现。

丙：有什么要求快点谈，

听说上帝爱变脸。

甲：二哥说：我的愿望比较多，

是不是我都能说？

上帝说：别藏着，别掖着，

225

你想什么就说什么。

我二哥说：来世我要开豪车，

奔驰、宝马、凯迪拉克。

乙：这个要求还很高。

不知上帝怎么着？

甲：上帝说：这个要求很简单，

我保你来世能实现。

乙：第二个要求快点谈，

今天上帝很慈善。

甲：我二哥说：来世我要住豪宅。

三千平米，十个阳台。

屋里要有游泳池，

四个厨房，八个厨师，

我中餐西餐随便吃。

上帝闻听哈哈笑，

这个要求我知道。

丙：第三个要求是什么？

二哥快跟上帝说。

甲：我二哥说：来世我要娶二房，

小三儿长的要漂亮。

小小的嘴，大长腿，

一定得赛过郭美美。

上帝闻听哈哈笑。

这个要求不算高。

大胸脯，小细腰儿，

闲来无事会撒娇。

浑身都是小鲜肉儿。

再来一个够不够？

我二哥说，十个八个能应酬。

乙：你二哥阳间没有胆儿，

见着了上帝他撒了欢儿。

丙：上帝他今天够慷慨。

有求必应好胸怀。

甲：我二哥，感谢的话儿还没说出口，

上帝他，紧紧拉住了二哥的手。

上帝说，我要跟你打个赌，

看看谁赢与谁输。

你不用，跟我在这儿瞎嘟嘟，

来世你，要干什么我清楚。

乙：他要干什么？

甲：我猜你，我猜你，你来世想当大干部。

二哥一听有点蒙，

惊得他，心跳过速咚咚咚，

脸色是一会儿白来一会儿红。

见上帝，瞪双睛。

钢牙一咬硌噔噔，

拳头攥得紧绷绷。

说时迟，那时快，

上帝出拳带着风，

照二哥面门打过去。

给二哥来了个乌眼青。

丙：打得好，打的冲，

打破二哥黄粱梦。

乙：打的冲，打得好，

二哥得好好思考思考。

甲：一拳惊醒了梦中人，

二哥他，拍了拍脑门儿，

揉揉眼睛。

心里说：这梦虽然把我吓醒，

可他是为我敲的警钟。

当干部要廉正，

不搞特权，行得正。

行得正，做得正。

树正气，扫歪风。

敢承担，为百姓。

绝不能违法乱纪任意行。

丙：当领导要自律，

知道什么是禁忌。

乙：这个故事讲得好，

二哥他，将来一定是个好领导。

丙：反腐倡廉，为我们人人敲警钟，

是非曲直要分清。

甲：反腐倡廉，百姓人人都叫好。

把一切贪官来横扫。

不管他是谁，

权力有多大，

职位有多高，

只要是，触犯了党纪国法严惩不待，决不轻饶。

丙：什么徐才厚、薄熙来，一个一个弄下台。

乙：周永康、陈良宇，一个个都玩去。

甲：宋平顺、武长顺，臭鱼烂虾，一块炖。

乙：损害人民利益就得打，

维护党纪与国法。

丙：党中央指方向，

反腐仍然在路上。

不怕暗箭与明枪，

披荆斩棘向前方。

甲：党中央决心大，

反腐败要法制化。

乙：反腐败制度化。

丙：反腐败常态化。

合：法制化、制度化、常态化，

苍蝇老虎一起打。

对！老虎苍蝇一起打。

合：要实现，中华民族，伟大复兴中国梦，

有你有我有大家。

祝愿祖国繁荣富强，

江山处处美如画。

建立中国特色，法治国家。

建立中国特色，法治国家。

（我们跟定习大大。我们跟定习大大。）

八、相声《正常不正常》

甲：我问你个事？

乙：什么事？

甲：你正常吗？

乙：您指哪方面？

甲：你们家的事。

乙：家里什么事？

甲：我不好意思问。

乙：你问，我们家很透明。

甲：问啦，你妈妈……

乙：我妈妈怎么啦？

甲：你妈妈……

乙：说呀！

甲：你妈……

乙：你这不是问事儿，你这是要骂街呀！

甲：你怎么这么庸俗呢？

乙：究竟怎么回事？

甲：我是说，你妈是你妈嘛？

乙：我妈不是我妈还是你妈呀！

甲：你怎么证明你妈是你妈？

乙：我妈生的我！

甲：怎么证明你妈生的你呀？

乙：那得问我爸爸！

甲：孩子你还小啊，你爸爸是你大爷！

乙：是你大爷！

甲：奶奶也不是你的亲奶奶，你们祖孙三代，本不是一家人呐！

乙：你神经病，我妈是我妈，还用证明。

甲：你听这种事不正常吧，你问问大伙儿，这个事在社会上它就发生啦，对吧？

乙：太奇葩啦。

甲：正常不正常你得分析。有的事，看着正常，其实不正常，有的事，看着不正常，其实正常。

乙：您给举个例子？

甲：比如说，这些日子，你跟你媳妇出双入对，黏黏呼呼，一会儿看不见你媳妇你都不放心。

乙：那很正常。

甲：不正常。

乙：哪儿不正常的？

甲：八成你媳妇要出轨，你盯得太紧啦。

乙：我要是跟一个大姑娘成天出双入对，那才不正常啦！

甲：哎！你要说你是姑娘的干爹，就正常啦。各位我说的这事有吧？

乙：呵！我还当干爹啦！

甲：你是当不了干爹。干爹得有权有势。你个说相声的，给人家当儿子人家都不要。

乙：还有什么不正常的现象？

甲：比如说，你媳妇怀孕啦！

乙:这很正常。

甲:不正常。

乙:哪儿不正常?

甲:你这个体格她怎么能怀孕呢!

乙:你别胡说啦,我孩子都上小学啦。

甲:我就纳闷啦,你媳妇长得这么漂亮,那真是天上人间……

乙:咱别提天上人间。

甲:天上难找,人间难寻。

乙:我媳妇长得就是漂亮,有点像范冰冰。

甲:那你孩子为什么长得这么难看呢?

乙:那是长得像我。

甲:关键是长得也不像你,正常吧?

乙:不正常。

甲:你要是把你媳妇整容前的相片跟孩子一比就正常啦!

乙:我媳妇是整出来的?

甲:你媳妇没整容的时候长得比你还难看啦。

乙:是啊!

甲:你儿子的同学们直纳闷儿,他长得不像他爸爸也不像她妈妈?像谁呢? 哪天我得看看他大爷长得什么样!

乙:这孩子们也胡琢磨。

甲:你孩子跟同学打起来啦。

乙:小孩打架常事。

甲:你的孩子在学校和同学打起来了,你怎么办?

乙:到学校和老师沟通一下呀。

甲:你不正常。

乙：我应该？

甲：领着孩子去医院。

乙：孩子没事儿，到医院，大夫也查不出病来。

甲：到医院查不出病来，大夫就不正常啦。

乙：哦？

甲：你不信问问大伙儿，到了医院，没有查不出病来的，就是没病也得开几百块钱的药。

乙：没病开什么药啊？

甲：现在大夫，都是卖药的。

乙：没听说过。

甲：比如说，你孩子要上重点学校你怎么想？

乙：我懂啦。按你的逻辑，我呀，托人给校长送一万块钱去，就正常啦！

甲：不正常。

乙：哪儿不正常？

甲：一万块钱不够哇！

乙：给校长送两万去。

甲：你说，你给校长送两万块钱就更不正常啦！

乙：怎么不正常？

甲：一般送过钱的都不说！打死也不说。

乙：嘿，他这都是哪儿听来的！

甲：凡事，你一分析就分析出来正常不正常啦。

乙：还有这事？

甲：比如说，你媳妇的老板他儿子结婚你随礼吗？

乙：我不但随礼，我还得去贺喜。顺便谢谢老板对我媳妇多年的照顾。

甲：你不正常。老板儿子结婚，随礼的人，越多越好；去的人，越少越好，明着不大办，别给老板找麻烦。懂了吧？

乙：老板儿子结婚我是不吃饭光随礼就正常啦？

甲：对！你媳妇单位的老板结婚你随礼吗？

乙：你满嘴跑火车。我媳妇他们老板的儿子都结婚啦，老板还没结婚？

甲：老板娶个三房两房的很正常啊！

乙：我明白啦。我媳妇他们老板结婚，我是光随礼，不吃饭。

甲：你不正常。你一定得去。得像个顶天立地的男子汉，给你前妻一个惊喜。

乙：老板娶的我媳妇？

甲：正常。

乙：还正常呐！胡说八道。

甲：早晚的事儿。比如说——

乙：你呀，别说我们家的事啦。

甲：外边也有个正常不正常，你开着汽车出去。

乙：行。

甲：你在路边存车交费，你是要票，还是不要票？

乙：我要票。

甲：你不正常。

乙：不要票倒正常？

甲：啊，不要票的便宜。你要票，他得上交，你不要票，"你给五块钱得啦"。这五块就归他啦。你问问开车的谁没碰见过。

乙：这是没规矩呀！

甲：什么事都一样。你开车遇见碰瓷的啦，怎么办？

乙：打电话找交警。

甲：你不正常。

乙：怎么才正常？

甲：跟碰瓷的商量："哎，兄弟，别在这趴着啦，我给你五百块钱你走，行吗？"

乙：我不找警察商量跟碰瓷儿的商量？

甲：警察来了也是跟他商量。

乙：没那事，警察是按程序办。

甲：你呀，舍不了你那五百块钱，你要倒霉啦。

乙：我就按程序办？

甲：按程序，又测量，又鉴定，找证明人证明，拉着他上医院，你的本儿也收啦，车也扣啦。半个月处理完了，你到存车场一交存车费，1500块呀！

乙：1500块钱是多点儿。

甲：告诉你扣车的存车费就不应该你花。

乙：那他让我花钱就不正常啦？

甲：正常。

乙：为什么？

甲：那个警察是假的。

乙：您这都是哪儿听来的！

甲：假警察这个事儿就正常啦！

乙：我知道啦，你这个人是倒霉看反面，心理太阴暗，你得好好学习，得阳光一点。

甲：你说话跟个领导似的。

乙：我没当过领导。

甲：当然，你当领导就不正常啦。让你体验一下，你是一个单位的领导。

乙：我是领导。

甲：你办公的地方，太大，超了标准了你怎么办？

乙：我搬出去，找个小屋子。

甲：你不正常！

乙：我怎么样才正常？

甲：在你办公室里打一道墙，墙上开个门儿，屋里放上一张床，休息的时候，还能跟秘书聊聊天。

乙：这样就正常啦？

甲：屋子也小了，聊天的地方也有了，一举两得。

乙：你这纯粹胡来呀！

甲：比如说，你们单位职工在执法中把人老百姓给打啦，你怎么办？

乙：好好教育这个职工，我这个当领导的得负责任。

甲：你不正常？

乙：怎么才正常。

甲：你得说，你单位的这个职工是个临时工，就正常啦。

乙：噢。就不用我负责任啦。

甲：这个办法好多人都用了！

乙：我彻底弄明白你啦。你眼里看不见正能量，拿着不是当理说，是你不正常。

甲：我说不正常，你非说正常，你才不正常呐。

乙：你说不正常其实正常，是你不正常。

甲：正常就是正常，不正常就是不正常。不能把正常当成不正常，不能把不正常当正常，是你不正常。

乙：不正常就是不正常，正常就是正常，不能把不正常当正常，也不能把正常当不正常。

甲：本来正常，是你弄得不正常。是你不正常。

乙：本来不正常，你非得弄个正常。不正常的是你。

甲：你不正常，我正常。

乙：我正常，你不正常。

甲：我正常。

乙：我正常。

甲：我正常。

乙：我正常。

甲：我正常。别争啦！咱们问问在座的各位观众朋友，各位朋友您说，我，正常不正常？

合：谢谢您啦。

九、相声《证明的证明》

甲：问您个事？

乙：什么事？

甲：你有房吗？

乙：有。

甲：你有车吗？

乙：有。

甲：你有犯罪前科吗？

乙：你这么说话，太不礼貌吧？

甲：我换个说法，您判过刑嘛？

乙：我刑满释放。

甲：我说嘛，头发刚长出来。

乙：什么呀？你会聊天嘛？

甲：这不是瞎聊，我这是问正事。

乙：谁问事这么问。

甲：我就碰见过这么问的。

乙：是吗？

甲：那天，我给我们孩子办入托手续。

乙：怎么回事？

甲：孩子要进托儿所，得填个表。

乙：那是正常手续。

甲：你孩子多大？

甲：八个月。

乙：你们孩子才八个月。

甲：二胎嘛。

甲：我们一对话，没把我气死。

乙：不至于吧？

甲：你要不信咱俩表演表演，我好比是那个办事员。

乙：我就演你。

甲："你跟这孩子是什么关系？"

乙："父子关系。"

甲：我得填呐，我刚填到这儿，那个办事员问我："哎，你们俩确实是父子关系？""对，跟老婆结婚以后生的他。""我说，你跟你老

238

婆结婚,和你老婆生的孩子,跟你们是不是父子关系两回事。"

乙:"你这怎么说话？"

甲:"您别着急,话粗理不粗,这是正常程序,我必须得问。你跟你老婆结婚以后生的他,你们是父子。对吧？"

乙:对呀。

甲:"没有异议？"

乙:"没有异议。"

甲:"那,填吧,出了事,别找我。"

乙:"这能出什么事？"

甲:"姓什么？"

乙:"姓刘。"

甲:"是姓刘？说准喽。""这孩子姓嘛？""我姓刘,孩子也得姓刘。""不一定,你姓刘这孩子姓不姓刘,两回事儿。"

乙:"就姓刘。"

甲:"不改啦？"

乙:"这有随便改的嘛！"

甲:"填吧,出了事,别找我。"

乙:"出不了事。"

甲:"别着急,我们这就是得走这个程序。您填吧！"

乙:那就填吧！

甲:填不了啦!

乙:怎么？

甲:表上面有一条,填表人,有没有犯罪前科。

乙:八个月的孩子能有犯罪前科嘛？

甲:"你说他没犯罪前科。谁证明他没前科。"

乙:"孩子八个月,刚会抓挠儿。他怎么犯罪?"

甲:"万一他抓住你了,把你挠死呢!"

乙:"你会说人话吗!"

甲:"您别着急,有,你就填,没有你就别填。哪儿这么多废话。你这个人那么拧呢? 出了事别找我!"

乙:这都是什么呀?

甲:"我就是这个工作,问完了,我就没责任啦。这项你还填不填?不填可盖不了章。出了事别找我。""我说——""出了事别找我!"

乙:说什么了就出事儿?

甲:我说,犯罪前科填没有行吗?

甲:"你就是填有,也没事儿,交上表,就盖章,表根本就没人看。"

乙:这是走过场,这是形式主义呀。

甲:"您说错啦,我们是形式,没有主义"。

甲:我一看,这托儿所不能入。孩子在这儿长大了,可能就会走形式啦。

乙:孩子怎么办吧?

甲:我把孩子给我妈送去。让我妈看着,我妈那儿不用填表,比这儿强。

乙:对。

甲:到我妈家一看。我爸我妈正在家生气啦。

乙:是啊?

甲:我爸爸坐那一声不吭。

乙:是啊。

甲:我妈一看见我就跟看见救星一样:"你刚来啦。"

乙：是啊。

甲：你是我儿子吗？

乙：是啊。

甲：你是我儿子，我是你妈妈嘛？

乙：是啊。

甲：你妈我还活着嘛？

乙：您这是说的什么话？

甲：你是不知道，人家让我开一个我没死的证明。

乙：这叫什么证明，这是谁让您开的？

甲：早晨，我跟你爸爸到医院看病，医疗卡里没钱啦，我也没用，怎么会没钱呢？

乙：你问问为什么没有钱？

甲：我问啦："我这个卡里怎么没钱呢？"接待的人跟我说："钱没打到医疗卡里。"

乙：为什么没给打？

甲："卡里没打钱，就是说，这个人是死是活不知道。""这个人就是我，活着，大活人。我站这儿，你看不出来是死的活的。""我看出来没用，你得有证明才行。""我有证明，"我把你爸爸叫过去啦，"他是我老伴儿，他能证明我活着。"

乙：对方说什么？

甲："他证明，谁证明他呢？""他是我老伴儿，跟我过日子的，还用证明啊？""过日子就是你老伴儿？现在老人儿花心的多啦，万一他是个第三者呢！"你爸爸一听火了："你见过这岁数的第三者吗，我是老大，不是小三儿。"

乙：他说这话得抽他。

241

甲 "当时我也急啦。你这是说的嘛话,我抽你,你信吗?""你跟我发火没用,我错啦,反正这么说,您要是不开证明,您的医疗卡可就用不了啦。"

乙:到哪开这个证明去?

甲:他告诉我去街道。

乙:您干脆,去街道。

甲:到街道,街道办事处人家不给开。让我上社保中心开去。

乙:那就去社保中心吧。

甲:到了社保中心,让我去退休管理办公室开去。

乙:那就去退管办。

甲:我去了一家退管办一查,没我这一号,我得去另一个退管办。

乙:还得去呀。

甲:你说我跟你爸爸,顶着雾霾跑了一家又一家,围着城区转了一圈又一圈儿,你爸爸说:"这不是开证明,这是第三者,小三儿陪着你圆坟。"我是通身大汗,上气不接下气儿终于是找到了这个退管办啦。

乙:总算是找到了。

甲:出来个大姐还不错,挺热情的:"大娘,看把您累的,一身汗,您这是干嘛去了?""圆坟儿去啦,哎哟,我都糊涂啦。闺女,我找你办个事!也没嘛大事儿,就是开一个我没死的证明。""哟,您这是怎么啦,您活得好好的怎么开未死亡证明呢?""闺女,你听着新鲜吧?"

乙:新鲜!

甲:"我估计连法国人听着都新鲜。""您得知道为什么开这个证明？""为什么开这个证明，为什么？我要知道我是韭菜。人家说，我要是证明我没死，就给钱。""您活得好好的，怎么还用证明呢？您说这是什么呀，我听不懂！是您一个人来的嘛？""不，还有个小三儿，我没敢让他进来。""您让他进来。""你爸爸一进门给那个大姐吓了一跳。"大娘，这么大岁数是小三儿？""第三者。""大娘，您脑子没毛病吧？""早晨出来的时候没毛病，这会儿可说不准啦。""您下周一再来，我们得研究研究。"

乙：不给办。

甲：闺女，甭下周一啦，你现在就给我开一个死亡证明吧！

乙：死亡证明。

甲：你们早晚把我折腾死。

乙：就是。

甲：你们说说，这个官僚部门是为老百姓负责，还是不给老百姓办事呀，你说，我们小小老百姓办点儿事儿，怎么就这么多障碍呀！

乙：说的对。

甲："妈，您别着急，一会儿我跟您去办去。我也为这事生气呢。""你也得开没死证明？""不是。托儿所让填表，问您孙子有没有犯罪前科。""要照着这样，下周我可能就有犯罪前科啦！"

乙：有些恶性事件就是这么造成的。

甲：我爸爸终于说话啦："说的对，咱一块儿找他们去，我还得问明白啦，我怎么就成了第三者啦。第三者都是女的，我活了这么大岁数，变男小三儿啦！咱得找地方告他们去！"

乙：一块儿去。

甲：我们刚要走，我媳妇一拉门儿进来了，后边还跟着孩子的老姨。

甲：老姨进门就哭，我媳妇进门就跟我急啦。

乙：怎么啦？

甲："我说，跟你结婚的时候，连他老姨的户口一块儿都迁过来，你就不去办，今儿我去办去，没把我鼻子气歪喽。"

乙：怎么回事？

甲："户口上，婚否一栏没填，我说给填上未婚。"

乙：这很简单啊。

甲："简单，让我去开证明去。"我妈一听说话啦："开没死的证明？""不是，是老姨未婚证明。"

乙：老姨本来就没结婚嘛。

甲：我说："我是她姐姐，她是我妹妹。你看我们俩长得，我双眼皮儿她也双眼皮儿，我大小眼儿她也大小眼儿，我百分之百的证明她没结婚！""你证明不行，得有关部门证明才行。"这不是刁难人嘛，我真急啦，我跟他嚷起来，我说："我告诉你，我妹妹没结婚，没结婚，没结婚，她是处女。"你猜他们说嘛。

乙：说嘛？

甲："结婚没结婚跟是不是处女是两回事。"我媳妇一说这个老姨更哭啦。我爸爸过去劝老姨："老姨别哭，你是不是处女，你自己知道，我，第三者，我愣不知道。"

乙：这下乱啦。

甲：我说，你们先都别说啦。今天当事人都在。今天正好，咱找地方说理去。

乙：一块儿说清楚。

甲：我找到办事处，一进门我就急啦："今天我们当事人都来

244

了,你们不是要证明吗,我给你介绍,他是我爸爸,她是我妈妈,她是我媳妇,这是我儿子。他是她公公,她是她婆婆,我是他老公。她是她姐姐,我是她姐夫。我们互相证明,我爸爸不是第三者,我妈妈活着,我儿子没有犯罪前科,我们老姨是处女。你们明白了吗？"

乙:看他们说什么？

甲:"明白啦。"

乙:你明白什么啦？

甲:我非常理解你们,我可以给你们证明。

乙:你能给开证明？

甲:证明我是开不了。

乙:为什么？

甲:我给你们证明啦。谁给我证明啊!

乙:别挨骂啦!

十、相声《重走西游路》

甲:我问问您,您最喜欢什么？

乙:凡是美好的东西我都喜欢。

甲:太笼统,喜欢的东西就得专一。

乙:那,你都喜欢什么？

甲:我喜欢这个(动作)。

乙:猥琐？

甲:什么呀! 这个(动作)。

乙:偷窥？

甲:不是,这个(动作)。

乙:优衣库?

甲:想什么呢? 这个,长毛的(动作)!

乙:猴!

甲:对(动作)!

乙:像。

甲:我最喜欢的就是猴。

乙:你是耍猴的?

甲:孙悟空,齐天大圣!

乙:你喜欢《西游记》?

甲:对。孙悟空,就爱孙悟空。我是走路学孙悟空,睡觉学孙悟空,吃饭学孙悟空,翻筋斗学孙悟空。我现在就是一个孙悟空。(唱)刚擒住了几个妖,又降住了几个魔,魑魅魍魉怎么他就这么多——妖怪!

乙:悟空。

甲:师傅。

乙:这个成魔怔啦。

甲:我要建一个《西游记》主题公园,让大家跟我一起,重走西游路。

乙:建一个公园让大家游览。

甲:错,让大家深入角色。

乙:你是说,游客都扮成《西游记》中的人物。

甲:喜欢吗?

乙:喜欢。这倒是有特色。

甲:你去体验体验。你自己就感觉你自己跟以前不一样,只要你走进我的主题公园。

乙：我身临其境啦？

甲：你就不是人啦。

乙：我，不是人啦？

甲：你就变成西游人啦。

乙：怎么变？

甲：金角大仙、银角大仙、铁扇公主、牛魔王、红孩儿、黑熊怪，你可以随便演。妖魔鬼怪随便挑。

乙：我呀，不演妖精，我演一个正面人物行吗？

甲：行，你可以演孙悟空，体会一下孙悟空，降妖除怪、战天斗地的精神；你可以演唐僧，体会一往无前、虔诚专一的精神；你演沙和尚，体会默默无闻、埋头苦干的精神；你演猪八戒，体会猪八戒，调戏妇女的精神。

乙：这个，我就甭体验啦。

甲：经典台词，你可以背背。

乙：什么经典台词？

甲："你是猴子请来的救兵吗？""我喊你，你敢答应吗？行者孙——""娘，三个妹妹不答应，娘，娘，你就嫁了我吧。"

乙：这是经典台词啊！

甲：西游山歌也可以唱。

乙：还有西游山歌？

甲：(唱)大王，派我去巡山喽哎！

乙：您甭唱啦。有什么好玩的地方吗？

甲：有，是《西游记》里有的，我这儿都有，你想进蟠桃园吗、你想入盘丝洞吗？你想上天你想入地、你想进炼丹炉、你想上刀山、你想下地狱吗？

乙:不想。

甲:我是专门给下地狱的人开放通行证的。这就是重走西游。

乙:您这是驾鹤西游。上刀山,下地狱,我活的了嘛!

甲:体验嘛。

乙:你宣传的不错。那您这个公园得多少钱一张门票啊?

甲:门票,我这公园根本就没有门。

乙:随便进?

甲:对。

乙:不要钱?

甲:就为宣传西游精神。

乙:您刚才说的,什么下地狱、上刀山太瘆的慌,有没有安全一点的,我体验一下。

甲:有啊,扫塔最简单。

乙:扫塔?怎么个扫法儿?

甲:扫塔嘛,你穿上袈裟,拿把扫帚,从一层开始扫,一边扫一边念念有词。

乙:还得念经。

甲:对,和尚念的,我教你。

乙:和尚念的经您都会?

甲:对,"玲珑塔,塔玲珑,玲珑宝塔第一层,一张桌子,四条腿,一个和尚,一本经,一副铙钹,一口磬,一个木鱼,一盏灯,一个金玲整四两,风儿一吹,响哗楞。"

乙:玲珑塔,塔玲珑,玲珑宝塔第二层,两张桌子八条腿儿,两个和尚,两本经……

甲:你当过和尚?

乙：谁当过和尚！

甲：没当过和尚你怎么会念经呢？

乙：这是经文？这不绕口令吗！

甲：真念经文你也不会呀。

乙：一共扫多少层？

甲：一十三层。

乙：我扫塔能体验什么？

甲：体验僧人的生活，扫塔念经，步步登高，排除杂念，心爽气清，什么名声啊利益呀，争强啊，斗气呀，女人啊，玩去呀！空必色，色必空，扫塔清心，立地成佛。你要是下定决心，坚持扫塔四十年。你死了，能烧出舍利子来！ 你扫塔怎么样？

乙：没什么危险！穿上袈裟，拿把扫帚。这行。

甲：光穿袈裟，不行。你还得把头剃喽。

乙：我这头不行吗？

甲：你这是二茬儿，还得剃，让我们那的刮皮和尚给你剃。

乙：刮皮和尚？

甲：他刮得干净。你看街上光头冒血筋儿的，都去过我那儿。

乙：剃了头我就上。

甲：不行，你头上还得烫六个眼儿。

乙：受戒？

甲：重走西游，得全方位体验。

乙：您哪找的这么多人，发袈裟，发扫帚，又剃头，又烫眼儿的。

甲：我雇的人。

乙：你不收门票，雇这么多人为游客服务，你就赔了。

甲：不赔。你们游客给点费用。

249

乙:什么费用?

甲:袈裟租赁费,扫帚的磨损费。剃头、烫眼儿的加工费。

乙:(指脑袋)这算加工啊?得多少钱?

甲:象征性地收点钱。

乙:多少钱?

甲:一千二。

乙:一千二还象征性地!太贵啦。

甲:你能给多少钱?

乙:一百二。

甲:行,你就给个袈裟租赁费,扫帚的磨损费。

乙:那剃头的加工费呢?

甲:不用给啦。到时候,在你脑袋愣刮就行啦。

乙:脑袋上的眼儿呢?

甲:拿烟卷烫。

乙:疼啊。

甲:你不花钱就得烟卷伺候。反正,用一样东西收一回钱。怎么样,跟我去体验一把?

乙:我不体验这个。哎,我来来,三打白骨精行吗?

甲:好主意,三打白骨精,你最好演白骨精。

乙:怎么?

甲:你像。不,演白骨精,花一份儿白骨精的钱,你还可以演三个人物。

乙:知道了,村姑和老头儿、老婆儿。

甲:都是白骨精变的。

乙:就花一份白骨精的钱,我就演这个啦。

甲：我演孙悟空。(唱)刚擒住了几个妖！

乙：又来了。

甲：(唱)又降住了几个魔，魑魅魍魉怎么它就这么多——妖怪！

乙：咱还没开始啦，您说从从哪开始？

甲：由村姑送斋饭开始。

乙：那我得学村姑。(学村姑)我到庙堂，送斋饭，我是——

甲：妖怪！呜——砰！

乙：我还没说完话了就打死啦。

甲：后面还有老婆儿呢。

乙 (学老婆儿) 我闺女，送斋饭——

甲：妖怪！呜——砰！

乙：又完啦！

甲：还有老头儿呢。

乙：(学老头儿咳嗽)我——

甲：砰！

乙：还没说话了就打死啦！

甲：怎么样？过瘾吧？

乙：你过瘾啦。我什么都没说，先死了三回。

甲：怨你呀，你演的什么？

乙：白骨精。

甲：演了几个人物。

乙：三个。

甲：给了几个人的钱。

乙：一个人的。

甲：给一个人的钱，就一棒打死。

乙：您的意思我把三个人的钱都交了？

甲：这点儿故事，你可以玩三天。

乙：我不玩啦。

甲：你说你打算怎么样？

乙：我打算下山。

甲：我的金箍棒可不是吃素的，(唱)"哪里走，刚擒住了几个妖，又降住了几个魔——"

乙：我不玩儿你能把我怎么样？

甲：怎么样？我把你扔进火焰山火化喽，把你扔进子母河让你怀孕喽，把你扔进流沙河灌死你，收进宝葫芦闷死你，扔进女儿国累死你！

乙：你这是旅游还是拘留啊。我不爱玩儿，就可以不玩儿。

甲：你问问旅游过的。让你玩什么你就得玩什么。让你干什么你就得干什么。

乙：我不干！

甲：我这可有金箍棒！

乙：干嘛，你要打人呐。

甲：打人还新鲜，你问问大伙儿，旅游有挨打的没有？你想走走不了，告诉你，我这满山都是妖精！

乙：你就是妖精！你们这是糟蹋经典，祸害游客，巧立名目，骗人钱财，你就是个孽障。

甲：你要想下山也可以，交五千块钱走人。

乙：五千，我没有。我还没吃饭啦就交五千块钱。

甲：饿啦？那好办，我们有盘丝洞饭店为您服务。

乙：蜘蛛精开的？

甲：到哪就把你缠住喽。牛肉、羊肉、红烧肉都有。(进入情景表演状态)您来这碗红烧牛肉。

乙：(情景表演状态)这里头也没有牛肉啊？

甲：有肉味儿没有？

乙：有。

甲：有肉味儿，没有肉，是我们盘丝洞饭店的特色。

乙：没有肉，你说牛肉、羊肉、红烧肉干嘛？

甲：要不你不进来。

乙：骗人。

甲：不，我们这是素斋，写着牛羊肉，其实没有。素斋饭店都这样。

乙：它可比有肉的贵。

甲：你内行啊。

乙：我不吃了，来碗粥有嘛？

甲：有，盘丝黑芝麻粥。三毛钱。

乙：那我来两碗。

甲：你给得起钱吗？黑芝麻粥。

乙：不是三毛一碗嘛？

甲：黑芝麻粥，黑芝麻，三毛钱一粒儿。

乙：一粒儿黑芝麻三毛钱呐？

甲：基围虾一只都三十六啦，我这儿不贵。

乙：我不吃啦。我找个地方休息休息。

甲：有，咱这有女儿国购物休闲中心。

乙：我去那歇会儿。

甲：你把东西买了你就可以休息啦。

乙：我没说买东西呀。

甲：没素质。

乙：不买东西就没素质？

甲：我们这是一个高科技西游公园。游客一进门，就被全程录像。您体验过的项目，用过的东西，都已经做成纪念品啦。

乙：不买不行？

甲：定做的你不买，我们卖给谁呀？

乙：都是什么东西。

甲：你都玩过什么呀？

乙：我扫过塔，玩过三打白骨精。

甲：东西都给您准备好啦。

乙：都是什么东西？

甲：咱这纪念品，货真价实，文化精品，人见人爱。

乙：都是什么呀？

甲：扫塔的小扫帚、村姑的竹篮子、老头儿的拐杖、老婆儿的缵儿。

乙：你奶奶个缵儿。

甲：怎么啦？

乙：我旅游回去，左手小扫帚，右手木头拐，挎着破篮子，头上扣着缵儿，脑袋上六个眼儿，我算找谁的！我不买。

甲：我这可有金箍棒，(唱)刚擒住了几个妖——

乙：我不怕你。

甲：你说你打算怎么样？

乙：我打算下山，把你的招牌砸喽。

甲：你有什么本事砸我的招牌。

乙：我是消费者协会的。

甲：啊！你早说呀！（扭头就跑）

乙：妖怪，哪里走！（唱）刚擒住了几个妖，又降住了几个魔——妖怪！（追下）

后 记

　　《我与恩师苏文茂》终于写完啦，它真实地记录了我与老恩师苏文茂先生在一起的四十多年里发生的故事，有些事我是含着眼泪写的。师徒如父子，我有一个父亲一样的师父，我一生中能遇到这样一个师父，我感到很幸运。直到如今，每每在生活中、在演出中、在创作中遇到问题时，我总像大家想起"孔子曰"一样想起"师父说"。他对我的影响已经注入我的灵魂中，演艺、做人，我都是按着他给我设计好的轨迹实践着，他给我铺好了一条充满阳光的路。我想念他，他是世上唯一一个让我想起就会掉泪的人。

　　在生活中他是一个和蔼可亲的师父、一个温文尔雅的师父、一个矜持严谨的师父、一个浑身透着书卷气的师父、一个直言不讳的师父、一个嫉恶如仇的师父。他心怀大业、百折不挠、心怀若谷、傲骨铮铮。他是我的恩师，他是我心中的楷模！

　　师父在世的时候经常和我研究要创作的一些作品，他的很多想法、创意还没有实现就匆忙地走了。我在附录里放的一些作品有些是跟他探讨过的，像《没事找事》《炒作》《躲不开》，都是他常说起的创意。我把它放进此书，也算我完成了师父给我留的作业，这是他临终前的嘱托！

丁酉年　岁末　刘俊杰于天津　杨楼